當世界充滿變數，
你需要不被帶風向的國際識讀力

不當世界的局外人

敏迪——著

前言

國際識讀，掌握變化、即時做出決策的開始

臺灣的重要性越來越高了。

過去我到各地演講，遇到最多的提問是：**「要如何培養國際觀？」**

這一題說難不難，說簡單，倒也沒那麼容易。我往往會先丟出另一個問句：**「什麼是國際觀？」**在我還是學生的那個年代，國際觀大多數時候等於英語能力。所以我們有了雙語幼稚園，有了一週三到四小時的英文課，有了掛滿各式招牌的英語補習街。那時期開始，臺灣人的英語能力的確開始提升。現在如果有個外國人在大臺北都會區旅行，很容易找到一位會說英語的臺灣人為他指路，有時候甚至會被邀到家裡作客，吃頓家常臺灣菜。沒辦法，臺灣人就是這麼雞婆且溫暖。

但這樣的狀態已經是「有國際觀」了嗎？

假設今天這位外國人叫 Marjorie（念起來像「馬久禮」），來自太平洋地區的**巴布亞紐幾內亞**（Papua New Guinea）。她來到你家飯廳，晚餐上桌，這時候你會跟她聊什麼？首先，你得知道巴布亞紐幾內亞在哪。她會跟你說在**太平洋地區**，**澳**

洲的正上方。接著你會問她：那你們國家最特別的是什麼？她會跟你說，他們國家有八百多種語言，而且這些語言都還有人在使用。你驚訝地問為什麼有這麼多語言？她會告訴你，因為他們有非常多小島，島嶼上住著不同的民族，大家都用自己的語言對話；而且更酷的是，在他們國家，火車和高鐵都不常見，人們更常使用另一種「普遍」的交通工具：飛機。

聊完國家基本介紹，這時你拿出手機、打開 Google Map，查詢巴布亞紐幾內亞的地理位置，赫然發現一件事：「嘿 Marjorie，我認得你們國家隔壁的**索羅門群島**（Solomon Islands），他們前幾年才剛跟臺灣斷交！」Marjorie 睜大雙眼，用英文回應你：「我知道！最近中國在這附近動作超多的。你知道嗎，美國和澳洲就是因為索羅門群島跟你們國家（臺灣）斷交，才意識到大事不妙，趕快派大使和一些政府官員來我們國家開會的。」

二〇二三年五月二十二日，美國國務卿布林肯（Antony Blinken）代表美國總統拜登（Joe Biden）飛抵巴布亞紐幾內亞，雙方簽署國防合作協議，允許美國軍隊進入該國的機場和港口。同一時間，雙方簽署了另項單獨協議，允許美國海岸防衛隊（U.S. Coast Guard，類似臺灣海巡署的角色，但軍事力量更強大）巡邏巴紐專屬經濟海域，幫巴紐抓非法捕魚和走私。

餐桌上的閒聊，突然和電視上播映、索然無味的國際新聞連在一起了。

而這樣一個靈光乍現的瞬間，我稱之爲**「國際識讀力」**（Geo-Literacy）[1]。

國際上的每一個動靜，往往包含數個國家的主動或被動參與。有時候是歷史脈絡的延續，有時候是地緣政治的較勁。有時候原本只是幾個國家領袖逢場作戲，但演著演著也成了眞實，導致其他國家必須共同承受意料之外的結局。臺灣處於太平洋西側，於歷史，我們和西邊的中國有著剪不斷理還亂的渾沌關係；於地緣，我們是美國前國務卿約翰·福斯特·杜勒斯（John Foster Dulles）口中的「第一島鏈」；於經貿，我們掌握全球九成的先進製程晶片生產，臺灣海峽更是全球重要航道，日本和南韓賣到歐洲市場的商品都得先過我們這一「峽」。但問題在於，**我們自己知不知道？**

臺灣的存在性比我們自己想的還多了好幾分重量。自從二〇一九年習近平那一份〈告臺灣同胞書〉初見世面，臺灣已經多次登上國際版面。《經濟學人》二〇二一年五月一日的封面故事標題爲「**The most dangerous place on Earth**」（地表上最危險的地方），探討中國的軍事自信日益增加，使臺灣面臨戰爭風險。兩年後，《經濟學人》再次以「**The struggle for Taiwan**」（臺灣的掙扎）做爲二〇二三年三月十一日該期的封面故事，以八篇文章深度探討臺灣的備戰狀態、美國和中國的準備，以及印太地區將面臨哪些巨大變化。同一年度，西班牙主流媒體《國家週報》（*El País Semanal*）封面是金門有名的觀光景點——沉沒的坦克，標題是**「臺灣，沉睡的炸彈」**。這篇專題報導洋洋灑灑寫滿十八頁，從臺灣的歷史脈絡、地緣政治、經濟現況，一路講到政黨派別及人民的國家認同。

臺灣在這幾年漸漸成爲國際間的主角，但在舞臺上搬演的我們卻鮮少注意到自己的重要性。最常聽到的說法是：「選誰哪有差，日子還不是一樣苦，不如管好自己，認眞打拚賺錢來得實在。」這樣的聲音在我父母親那輩很常見。他們經歷過戒嚴和白色恐怖，被教育著（甚至是被恐嚇）談論政治和國際局勢對自己的人生於事無補，所以乾脆就不談論了。彷彿生活中每個面向都能拆成「我的事」和「別人的事」，只要安分守己，便能顧好方圓十里內自己的人生。但無論是年輕一輩的我們，或是已經覺醒的父執輩們，都越來越能看清現實。現實就是：這世界上還有眾多我們無法掌握的事，以肉眼無法察覺的方式深深影響我們的生活。而那些事就散布在國際局勢之中，等我們探訪和揭露。

所以回到最一開始的問題：**「國際觀是什麼？」**在科技飛快進步的現代，語言已經不是我們探究國際局勢的障礙，這本書最後甚至會教你如何使用科技一鍵翻譯外媒新聞。那撇開語言之後，我們距離「具有國際觀」還有多遠？

我認爲至少還需要三個步驟。會講英語，可以帶 Marjorie 去臺灣夜市買小吃，這是第一步，我稱做**「國民外交」**。願意花點心思讀國際新聞，並曉得每家媒體正在餵給你什麼價値觀，這是第二步，也是近幾年人們常說的**「媒體識讀」**。但是讀得懂國際間的恩怨情仇，了解每個國家面臨的內政挑戰和外交風險，進而映照回臺灣內部，看清楚我們的優勢和困境，這才是我說的第三步：**國際識讀**。

這本書將會使用大量已發生的國際事件做爲舉例。或許部分事件會在本書付梓後發展成與原先截然不同的樣貌，但那並不干擾我們建構國際識讀力的過程。國際局勢是一塊由數千個國家領袖共同交織出來的針織布，任何人的任一決定都會將故事帶往全新方向。讀國際新聞不是爲了當神算，不偏不倚預測未來；也不是爲了比誰背的國家知識比較多，誰能在最短時間內猜對多少題目，獲得高分。讀國際新聞僅僅是爲了讓周遭的轉變變得更加清晰。如果我們能夠將這樣的覺察分享給更多人，使身邊的人對即將迎來的變化充分掌握，進而做出對自己乃至於社會都更有效益的決策，那便是一件對臺灣非常有幫助的大事。

所以回到這本書的初衷，我們不僅追求自己明白，更期許自己擁有淺白轉述的能力，將國際局勢對生活的影響用清晰易懂的方式傳播出去。這就是這本書的存在意義，也是我創立「敏迪選讀」的願景。盼用一本書的時間，達到這願景的百分之一，那就是這本書的巨大成就了。

最後介紹短篇故事的主人翁，Marjorie。她是眞實存在的人，一名巴布亞紐幾內亞的記者。我在美國國務院參訪活動上認識她，並有了上述那些眞實的對話。Marjorie 還對我說，現在她的國家最在意的，是如何在環境和開發兩端取得平衡，以及打擊非法捕魚。最終我們成爲很好的朋友，我也向她說明臺灣現在正面對中國的威脅和戰爭風險。對我而言，向遠道而來（抑或是你遠行途中認識）的人展現出好奇心，並認識他們所處的環境、關心他們所關心的議題，使其成爲你的盟友，在國際場合爲臺灣發聲，這才是我心中國際識讀力的終點。希望讀完這本書，你我都能更有國際識讀力。

①此一詞彙最早是由國家地理頻道於二〇一四年提出的，原意是地緣政治觀察力，這邊再多加媒體識讀一義。

目次 CONTENTS

PART 1 國際識讀是什麼？

PART 2

建構你的國際識讀框架

第5章 國際新聞的核心：人 159

PART 3

培養你的國際識讀力

PART 1

國際識讀是什麼？

第 1 章

國際新聞可以幫你什麼？

其實現在不需要我多說，願意打開這本書的人都已經明白國際新聞對我們日常的重要性。但請容我先挪一點點時間，明確告訴你國際新聞到底重要在哪，又能給我們什麼實質的好處。

這幾年我受邀演講，很常在QA時間收到這樣一個問題：「什麼是國際觀？」接下來，我還會在這一整本書裡提到很多次，但我現在先爲這三個字下個定論：

國際觀就是讓你的生活變得更可預測，進而做出對你或你所在群體最有益的決定。

如果能預測油價那就太好了

我舉一個每個人日常都會遇到的例子——油價。

石油和它的副產物充斥在我們的生活之中。你騎機車加的油、路上踩著的瀝青、受傷塗抹的凡士林、孩子玩的塑膠樂高、打掃用的橡膠手套，這些統統都是從石油延伸而成的各樣石化產品。所以你取得這些日常用品的成本，奠基在最上游的價格——油價。那油價又是因爲什麼而浮動呢？以經濟學角度來說很簡單，就是供需平衡。需求大於供給，油價就會漲，反之則跌。但這個供需不是只看終端消費者，有時候我們更需著眼於供給者。石油在眾多產油國中，大多是國營獨占企業，不是由王室掌控，就是政府列管爲國營企業。

我們就以二〇二〇年破天荒的油價大跌爲例。

二〇二〇年二月，全球疫情大爆發，各國宣布關閉邊境，飛機停飛，郵輪停駛。隨著經濟活動逐漸停擺，全球的石油需求也跟著降低。畢竟都不出門了，哪還需要加油呢？當需求降低，價格也就會跟著下調。全球石油價格慢慢從一桶八十美元，跌價到一桶四十美元，攔腰折半。以上是需求者造成的跌價。但要注意，這還

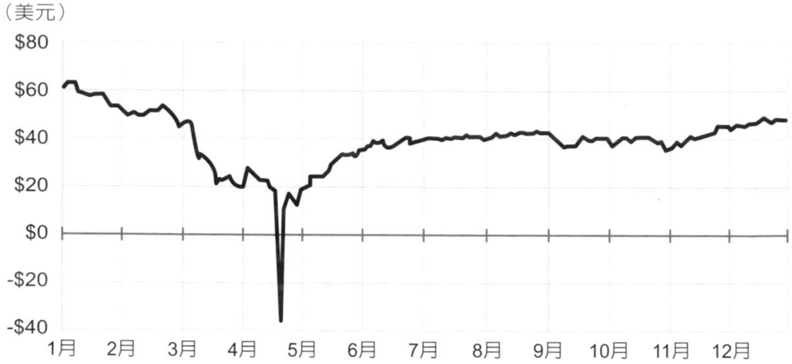

圖 1　西德州中級原油（WTI）2020 年走勢

不是壓垮油價的最後一根稻草，沙烏地阿拉伯和俄羅斯的吵架才是。

沙烏地阿拉伯是石油輸出國組織（OPEC）的主導者。這個組織規範各個石油輸出國的售出價格是高是低、要輸出多少桶，目的是爲了鞏固這些石油國家的共同利益，避免有某個國家刻意削價競爭，陷入油價的惡性循環。

鏡頭轉到另一個主角——俄羅斯。俄羅斯也是石油大國，卻不在OPEC內，並和其他九個同樣不在OPEC內的石油輸出國組成一隊，稱做「non-OPEC」。有一天，OPEC和non-OPEC在聊天，他們突然靈機一動，發現欸如果我們兩邊都少生產一些，維持市場上的石油稀缺性，這樣油價就會一直很漂亮，豈不樂哉？這個組合就被稱爲「OPEC+」。

可是雙方討論來討論去，總是找不到共識，尤其俄羅斯說什麼都不願意降到大家規定的數字。一來這樣他會少賺，二來他不想當沙烏地阿拉伯的小跟班，他想當家做主。哇，俄羅斯耍脾氣，這下沙烏地阿拉伯也不爽了。二〇二〇年三月，沙烏地阿拉伯心一橫，宣布大幅下調原油出口價格。除此之外，還計畫下個月大幅提高原油產量，每天超過一千萬桶。

不是啊，全世界都不太需要這麼多石油了，沙烏地阿拉伯你還增產，這豈不是提油救火嗎？總之在報復性降價之後，油價來到一桶只要三十美元。這是什麼概念？就是連一桶可樂都比一桶石油貴的意思。所以在二〇二〇年四月左右，你有沒有覺得去加油時，油錢都便宜得要死。怎麼以前要一百元的現在都加不到六十元，還一度懷疑是不是加油站工讀生都沒幫你加滿？還是政府體恤人民工作辛苦，幫大家調降油價？不是的。仔細看，油價其實是跟著國際局勢波動的，跟國內政治沒太大關聯。

這就是我說的，國際局勢影響你的生活決策。今天如果你是做國際貿易的，要計算貨櫃進出口的成本，就不能不搞清楚現在的國際脈動；如果你是家裡正準備要裝潢，選用的是進口大理石和特殊油漆，就必須接受進口成本漲價的事實，或是乾脆延後裝修。當你掌握國際局勢，你才能提早預測自己何時要加油，或是要不要多囤一些原料，以度過長途運送的能源寒冬。這就是我說的國際觀：你掌握了油價漲跌的趨勢，進而做出對你或你所在群體最有益的決定。

不只是石油，電費、天然氣亦然。我們把鏡頭轉向中國。二〇二一年十月，中國即將進入冷峭的冬天。就在大家包袱款款準備回家鄉放十一長假時，中共政府突然宣布東北一帶開始限電，高耗能的工廠統統停工，就連路上紅綠燈都不給亮。東北人苦不敢言，在外地的東北人更糾結：要不要回家呢？老家現在限電沒暖氣，還是我就先待在原地？

看似中國國內的民生問題，背後又是各種國際局勢盤根錯節。

中國政府手段做得絕是一回事，但主因其實是國際煤價大漲，再加上中國和澳洲打貿易戰，中國主動宣布停止進口澳洲煤礦，少了一個重要煤礦來源。這時候可能有人說，中國自己不是也有產煤嗎？地理課本都有教，山西的煤礦是出了名的多啊。這時候又再拉出另一個國際局勢的遠因——**解決地球暖化**。身爲全球前幾大碳排放國，習近平到處跟國際組織和各國領袖開支票，信誓旦旦要在二〇三〇年碳達峰[1]，二〇六〇年碳中和。這些話他在外頭喊得震天價響，回到國內可不能變成芭樂票，所以中國政府一直想辦法控制國內碳排放。

尷尬的是，同一時間，中央政府又持續要地方繳出經濟成績單，趁著全球疫情嚴重，迅速拿回世界工廠的地位。於是全國工廠產能全開，二〇二一年第一季就拚出一波一八．三%的經濟成長率。這下可好，說好節能減碳，結果你給我搞出更多碳排。再加上中國大多是老舊礦場，不僅碳排汙染嚴重，更是常常發生工安事故，於是中國政府乾脆宣布山西煤礦停止開挖，復工率給我降到五〇%以下。我不允許你們挖煤礦，你們就沒煤可燒，就可以快速降低碳排放了。

再一次，看似國內政治影響中國限電，實際上關乎全球原物料價格、中國和澳洲的恩怨情仇，以及想都沒想過的氣候變遷。如果東北人民沒有看國際新聞，恐怕會以爲國家是不是窮到沒錢發電。相反的，如果有人深謀遠慮想得精，說不定早就囤好柴火，或是早就到南方另謀生路了。

所以讀國際新聞不是拿來炫耀我們多有國際觀；相反的，它能讓你的生活變得更可預測。你有機會判斷油價什麼時候會漲，股票哪時候跌，還能知道哪時候去歐洲旅遊不安全（是的，就算是歐洲也有不安全的時候），或是晚一點換日幣會比較划算。我一直都覺得，**越認識外面的世界，越能明辨近在咫尺的危險**。

更重要的是，多看國外發生的事，有助於我們解讀國內各種現象。臺灣吵著要不要核食和萊豬，那國外都怎麼做？歐美各大媒體都在分析臺灣海峽的軍事布局，那我們自己該怎麼看待軍售案？越南和新加坡爲什麼可以在各大國際組織穿梭自如，臺灣能否效法？讀國際新聞除了優化個人和家庭生活的決策，更是因爲他山之石可以攻錯。把國際歷史經驗套用到臺灣處境，那股不安和不確定感，將會漸漸消弭。

爲什麼國際新聞這麼難讀？

現在我們總算曉得讀國際新聞的好處了。太好了，你磨拳擦掌，準備隨時隨地迎接海量的國際資訊。「好！來吧！」你這樣對著空氣吶喊。結果過了一陣子，換來的是灰心喪志。你四處碰壁，找不到有用的資訊；就算找到了，你也看不來、讀不懂。臺灣的國際新聞在哪裡？爲什麼這麼難讀呢？

以前我們總嫌臺灣沒有國際新聞，每次去小吃店用餐，在店裡坐了一個半小時，電視臺放送的國際新聞大概不超過十分鐘。但其實**臺灣有許多國際新聞可看**。公視有個節目叫《**全球現場**》，每週六、日晚上七點半，議題涵蓋阿富汗戰爭、全球暖化、各國大選，甚至到漫威票房。華視自從接手五十二臺後，也開啓全新節目《World News 9 **陳雅琳世界晚報**》，每週一到五晚上九點，全面報導國際新聞。TVBS 新聞臺則有方念華的《**FOCUS 全球新聞**》，一樣是用最精華的每週一到五晚上七點全面播放國際新聞。三立新聞臺則有《**消失的國界**》，花上許多經費，派遣記者到各國製作一個又一個精緻的專題報導。另外更要讚許**寰宇新聞臺**，幾乎每個時段都有國際新聞，大概是給予國際新聞最多 airtime（新聞播報時間）的本土電視臺。或許看到這本書的當下，某些節目基於各種原因收掉了，但這不妨礙我們得出一個結論：**臺灣是有國際新聞的，而且願意投入資源的媒體並不少**。

既然如此，爲什麼我們還是覺得國際新聞很難讀？爲什麼總覺得打開電視，新聞臺都是貓狗大戰海鮮鍋？我們跟認眞做國際新聞的媒體之間，彷彿米開朗基羅的〈創造亞當〉，彼此都伸長手指，卻總是觸碰不到、遍尋不著。不用說老百姓一直抱怨臺灣沒有國際新聞了，國際新聞從業人員可能也正哀號著，世界上最遠的距離，就是我就在每天晚上七點到八點某某電視臺，向你播報國際新聞，但你卻不知道我在這裡。

一定是哪裡出了問題。

第一個癥結點在於過度分散。

我們剛剛講了這麼多電視臺節目，我也會把一些文字型網路媒體資源放到〈附錄〉做爲延伸閱讀，這樣看來，似乎有很多工具了呀，怎麼我們還是不得其門而入？主要原因在於**來源的過度分散**。如果你不是一天二十四小時都守在電視機前的大樓保全或小吃店阿姨，你很難等到每個整點新聞裡頭那短短十分鐘的 airtime。如果沒有上述整理，你大概也不知道電視臺那麼用心，有專屬國際新聞的電視節目。

網路新聞就更不用說了，大概只有國際新聞從業人員有那個美國時間，每天走訪各家網站，一篇一篇點開來看。

過度分散的新聞來源，使得我們像在雲裡霧裡登山的旅人，我們都知道要往上走，但往上的路是哪一條？怎麼走才不費力？這些都沒人整理啊。

這是個結構性問題。各家媒體試圖提供優質的國際新聞，但是資源有限，只能播出零星時段，提供短篇、吸引眼球的主題。當國際新聞成了媒體產業鏈中枝微末節的眾多分支之一，就成了雞生蛋蛋生雞，你怪我我怪你的惡性循環。因為產業不夠健全，無法培養一個系統性、專門報導國際新聞的媒體，就造成我們現在看到的「來源分散」。當來源越分散，越會造成閱聽者相當大的學習負擔。

第二個問題，疏離感。

國際新聞要成為一個被重視的主題，最優先要解決的是大眾的疏離感。

以前我都跟別人說，「敏迪選讀」的使命就是拉近臺灣人與國際局勢的距離，但後來我發現這個思維不夠精準：**生活和國際局勢之間，本來就沒有距離**。伊朗的局勢會影響我明天加油的油價；歐盟和科技巨頭的隱私權聽證會，會讓我做 App 的堂哥一個頭兩個大。你環顧四周，生活的方方面面本來就跟國際局勢有關，只是因爲資訊量太大且錯綜複雜，我們的天性會自動忽視，化繁爲簡。經過一層又一層的省略，最終來到我們眼前的資訊統統被化整爲零了。彷彿這座島是個遊戲沙盒，我們過我們自己的生活，與外界何干。

當然不是這樣。沒有一個國家可以成爲沙盒，尤其臺灣身爲一個海島國家，更是凡事皆與國際接軌。我的國際新聞啓蒙書是劉必榮老師的《國際觀的第一本書》。攤開第一章，老師開宗明義就講：

「從地理位置、國際環境，以及自然資源來看，我們（臺灣人）應該是要很有國際觀的。因爲做爲一個小國，我們一定要比大國對國際情勢有更高的敏感度。可是實際上，臺灣人又非常沒有國際觀。我們的注意力往往被內部的口水與八卦所占據，對於臺灣以外的事務，既沒有能力關注，也不感興趣。」

那如果我把國際新聞變得有趣呢？試想，如果國際新聞變成鄉土劇，裡頭有很多愛恨情仇，要吵架有吵架，要奪權有奪權，你是不是就覺得，噢，這好像很有趣，我想繼續追。人們喜歡看口水戰，那簡單啊，我就寫「國與國之間的口水戰」；大家愛聽八卦，我就去挖出那些國際組織私底下的權力鬥爭。就算我們暫時還沒找到這些新聞與臺灣的連結，至少讓你提起興趣，願意多追一點了，是不是聽起來不難？這就是「敏迪選讀」在做的事。

我從小就是電視兒童，其他小孩在寫作業，我在霸占我家電視遙控器。我知道幾點幾分有《名偵探柯南》，哪一臺有什麼好笑的綜藝節目，儼然是全家的人體節目表。我可以背出周星馳電影的每句臺詞，也可以告訴你誰是反派，誰是臥底。另外別忘了，我可是生長在周杰倫和孫燕姿同時入圍金曲獎最佳新人的輝煌年代呢！

所以「敏迪選讀」做起來後，大家都問我，要怎樣才能把國際新聞寫得親民易懂？答案不是靠專業和考試，而是靠電動和電視。因爲重點不在於內容多深奧、多少歷史和地理知識，重點在於如何抹去疏離感。**總得先讓大家願意駐足，再想辦法把觀衆留下來。**

用星座形容國與國外交，酷炫吧

我以一段新聞爲例好了。日本每年都會公布一份《外交藍皮書》②，是日本彙整對國際情勢、外交方針等對外的政策報告。你看看，日本欸，離臺灣這麼近，他的外交政策對臺灣來說應該有夠重要吧？我們是不是應該要清楚臺灣北邊的鄰居在想什麼，有什麼規畫呢？但你是不是從來都沒在新聞臺看過這東西？爲什麼？因爲很難讀呀。不只是語言問題，而是日本政府提出的報告書肯定文謅謅的，日本人講話又很隱晦，不喜歡太直接。所以這份報告如果做成一支五分鐘的新聞，我光用想像的就睡著了。

那要怎麼樣讓它變有趣，大家願意讀呢？

我用了「唐綺陽國師體」。

日本的《外交藍皮書》會先有一章〈總覽〉，接著再針對每個國家另闢章節。例如現在「日本和中國」的關係是一章，「日本和南韓」或「日本和北韓」的關係是另一章。整體看下來，就很像在對每個國家說話。所以我立刻聯想到唐綺陽的口氣，她都會說「獅子座的朋友最近要注意唷，水瓶座最近可能會成爲你的貴人」。看起來太像了吧，我彷彿可以聽見日本人直接這樣對北韓、南韓說話。於是我使用國師體，將二〇一九年日本《外交藍皮書》的內容經過轉換，最後寫出來變這樣：

北韓座：三顆星。

北韓座的朋友們前一年遭受比較重大的打擊，因爲天王星來到六宮，導致日本總是用一些比較刺激性的言語，讓你感到不開心。

例如「通過一切手段將對北韓的施壓提高到最大限度」這類的話語，總是讓你備受挑戰噢。

但是不要緊，你的無核化努力是有被看見的。

日本也爲了解決「北韓不斷綁架日本人」這個嚴重的議題，願意和你重修舊好。

過去十一年，日本年年向聯合國人權理事會抱怨你侵犯人權。

但他今年竟然沒提。

你看，只要你願意去做協商和改變，你的運勢是會好轉的。

所以北韓座的朋友一定要和日本朋友保持良好的溝通唷。

南韓座：一顆星。

南韓座的朋友們要小心了，因爲現在冥王星來到你的一宮，使得日本朋友不僅不再繼續跟你當朋友，反而還加深你們之間的嫌隙。

怎麼說呢？

以前日本每年都說，你和他是「共享戰略性利益的最重要鄰國」，但今年他把這句刪掉了！

而且啊，日本朋友不顧你的心情，擅自把「獨島」（日本稱「竹島」）列爲他們自己的國土耶！

日本說，現在與南韓「直面非常嚴峻的狀況」。

我相信你現在一定非常難過噢。

但是你也只能等待日本看見你的好，所以先不用著急，持續努力維持你們之間的關係，總有一天會改善的。

短短四百八十字，你已經看懂日本、北韓、南韓三國在二〇一九年的關係，以及他們之間分別存在哪些爭議。是不是沒有很難？撥開雲霧後的山景，是不是一目瞭然？所以問題不是我們懂的太少，也不是國際局勢本身太過複雜，而是我們賦予國際新聞太高冷的形象，在受眾和新聞之間築起了一道高牆。如果用老嫗能解的語言向大眾介紹這些新聞，人們應該是會感興趣的。

與我無關，我幹麼看

但疏離感不是只有一種。就算今天我們把國際新聞講得像鄉土劇那樣通俗好入口，也還是有人不愛看鄉土劇啊。所以**另一種疏離感是「非必要性」**。有些人會覺得，是啊，我知道非洲國家時常發生部落衝突，死了許多人。但是除了憐憫，我還能做什麼呢？非洲的政治動盪與我何干呢？爲什麼我應該要在意摩洛哥和西撒哈拉人民解放陣線（簡稱「西撒人陣」）在西撒哈拉的對立？這塊地屬於誰，會影響到身在臺灣的我嗎？如果不會影響，難道我不該先把重心放在國內新聞，抑或是關注我自己的生活品質嗎？當我們問出這些問題時，限縮視野的沙盒便被我們自己蓋起來了。

是的，不可諱言，國際局勢對我們生活的影響的確是間接的，甚至有點迂迴。我們來想像一個發生在平行宇宙的虛擬場景好了。印度和巴基斯坦在喀什米爾吵很久了，突然在某一天，雙方大打出手。這時候北邊的中國不甘於當吃瓜群眾，他也想分杯羹，於是中國在西藏一帶大量增兵，隨時準備要漁翁得利。

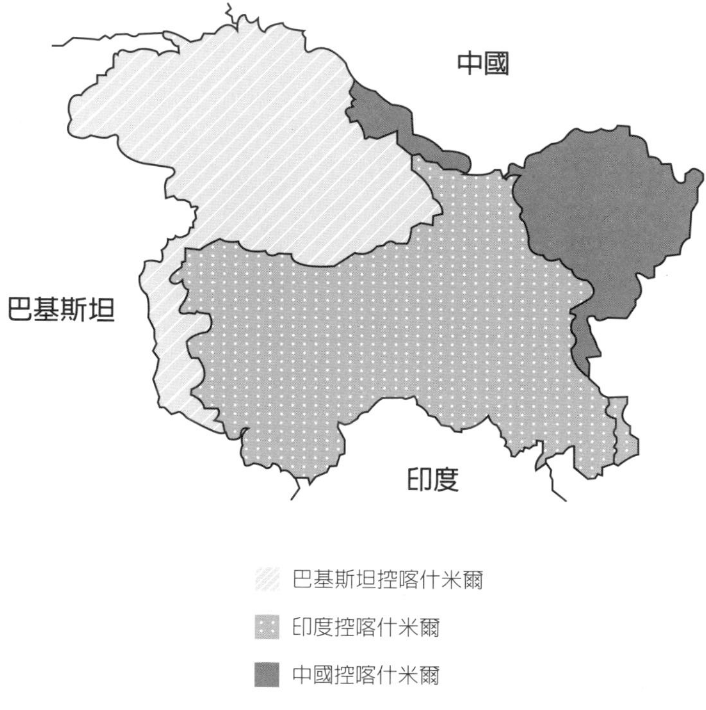

圖 2　中國、印度、巴基斯坦在喀什米爾地區的勢力範圍

（此圖為 2019 年的資訊）

故事發展到這裡，的確跟臺灣都不太有關係。但劇情持續往下。巴基斯坦敗下陣來，局勢變成中印對打。遠在歐洲和美洲的英國和美國收到消息大驚：印度可是西方陣營在印太地區的盟友呀，這忙一定要幫。於是英國派航空母艦伊莉莎白女王號前往印度洋，隨時要增援印度；美國則是運用經濟封鎖，阻斷中國當時非常缺乏的小麥貿易，並禁止所有與美國有關的技術和產品出口到中國。美國行政命令一下，臺灣許多晶片廠和零組件廠的時間瞬間凍結在出貨那一天。禮拜一開盤，臺股大跌。你剛起床喝杯咖啡，打開股票軟體，不敢相信自己的資產已經縮水一〇％；更尷尬的是，你毫無頭緒。

有多少時刻，我們在生活中產生了困惑，卻不知問題從何而來？你好像已經把身邊各項因素都排除了，確信自己在所有環節都下對了決策，卻還是迎來自己無法掌控的結果？難道還有什麼事情是在我的視線之外，卻又大大影響我眼前的一切？

出乎意料的，我們的日常生活竟和國際動態息息相關。從油價、電價、進口汽車、手機型號、社群平臺隱私權政策、美國豬澳洲牛、醫療器材，甚至到你的專業執照、學歷認定、旅行簽證……你說得出來的家庭瑣事，我都能在後頭拉出一顆圓滾滾的毛線球，跟世界的另一端牽上線。

但問題在於，這顆毛線球太龐大、太混亂了，彷彿有十萬條毛線在中間穿梭，稍有不愼就會迷失線頭，找不到出口。在大眾看來，這顆毛線球已經打了死結，解不開了，也不需要解開。於是我們索性拿起自己心裡的小剪刀，象徵性剪斷我們與國際間的關聯，以爲這樣便能視而不見，安穩度日；但這跟小學生把雙手放在胸前說「我要跟你切八斷」一樣天眞可愛。

我們是不可能剪斷的。尤其臺灣是個島國，你吃的義大利麵、看的電影、滑的手機、開的進口車，甚至是每天黏在上頭的社群網站，統統都和國際有關。**認知到我們的生活和國際關係水乳交融**，不能拒絕，也無法切割，**是解決疏離感的優先步驟**。

現在我們知道，人們還停在不知道（或拒絕承認）有毛線球的階段；而我們也知道，臺灣現在有許多傳統媒體和自媒體都在努力把線頭找出來，告訴閱聽者世界上正在發生什麼大事。但這才完成了第一關。眞正的魔王，藏在下一個關卡：**梳理毛線球**。

原因千百種，讀之前先搞懂

我們把鏡頭拉遠一點，試圖尋找國際新聞的核心。什麼？國際新聞還有核心？當然有，而且不只是國際新聞，所有國內國外社會娛樂體育……只要掛上「新聞」兩字統統都是。我們所看到的「新聞」，皆是在背後醞釀一段時間後，經過單一突發事件浮現到人們眼前，成爲「新的發展」。而它們背後總有一長串故事，掛著厚重的歷史脈絡，我們只是在這個時間點看見冰山一角而已。

例如在二〇二一年十月發生的高雄城中城大火，雖是一場突如其來的意外，但背後隱含的是民國七十年代住商混合大樓留下來的產權問題，以及沒被社會安全網接住的底層居民。又例如東京奧運期間，爆出世界排名第一的羽球選手只能坐經濟艙，揭開政府體育改革未竟之事。攤開一則又一則新聞，每起事件都足以變成一篇上萬字的調查報導。我們不僅要了解被害者的故事，還要用同等耐心去理解加害者的背景。這是一件多辛苦的事？國內新聞已是如此，那關係到多國動態、政治角力的國際新聞，又怎麼能夠簡單看待呢？

然而在注意力分散的現代，我們太沒有耐心了。如果每篇新聞都寫成論文，就算給你華麗的起承轉合，只要三分鐘我們大概都會掉頭就走。以臺灣的新聞臺來說，通常要發生非常大的事件，才會被納入新聞內容。但是可能基於收視率考量、又或是媒體來源取得困難（有無外派記者？是否購買正版影像？）導致國際新聞被報導的時間很短。

這就是問題所在。**如果今天要報導土耳其出兵敘利亞，但導播只給五分鐘，你要如何在這麼短的時間內，同時向觀眾解釋敘利亞內戰、土俄關係、庫德族、美國駐兵、阿薩德政權等資訊呢？**當然辦不到。你最終傳給觀眾的，只是土耳其戰車輾過瓦礫、飛彈轟炸城市、川普嘟嘴等影像。於是觀眾誤解了，以爲是敘利亞惹到土耳其。誤解倒還好，至少他還知道這件事；最糟的狀況是他因爲都看不懂，不知道整個事件的歷史脈絡，乾脆不看了，轉臺看《天之驕女》（也是很好看啦）。

這不是電視臺獨有的狀況，網路媒體也有同樣困擾。人們在網路上看不了長文，如果把所有脈絡都寫進一篇文章裡，大家也會失去耐心，一鍵離開。我舉以下新聞爲例：

「在未明指巴基斯坦的情形下，莫迪向歐洲議會訪問團表示，必須對所有支持或贊助恐怖活動、且將恐怖主義做爲國家政策的國家採取緊急行動。印度指控巴基斯坦三軍情報局暗地操控恐怖組織滲透印度發動恐怖攻擊，巴國前總理夏立夫（Nawaz Sharif）在媒體專訪中曾證實這項指控；而中國在背後支持巴基斯坦，也被指爲恐怖主義的幫凶。」

（中央社 2019.10.28。原標題：「關注克什米爾人權　歐洲議會訪團將造訪」）

等等，資訊太多了吧！短短兩段話就提到印度、歐盟、巴基斯坦，最後還冒出中國？然後恐怖活動是什麼？暗地操控恐怖組織，是怎麼個暗地法？爲什麼巴基斯坦要滲透印度？中國又爲什麼要支持巴基斯坦？這些都不懂啊大哥，您還是說中文吧。

這不是指這位記者寫得不好。他其實非常厲害，必須在這麼短的兩段話內解釋巴基斯坦和印度的互相猜忌，以及中國在背後挑撥離間。我相信他盡力了，但這就是問題所在。新聞記者的任務是整理時事、即時報導，不是寫故事講歷史。但這也導致網路新聞總是在報導點對點的事件，很難延展成一條線，遑論讓閱聽者看見一整個面。

當事件本身很複雜，我們又得在短時間內把事情交代完，得到的就會是過度濃縮、囫圇吞棗的結果。

讀國際新聞是可以分期付款的

如果把國際新聞比喻爲電視節目，它比較像是《甄嬛傳》，而不是《天才衝衝衝》。後者你隨機挑個一集，隨時都可以進入情境，因爲它是單集的節目，不用在意前因後果。但《甄嬛傳》是有角色、有劇情的大戲，如果要一個完全沒看過《甄嬛傳》的人打開第五十集並立刻投入劇情，心情跟著起伏，那也未免太強人所難了。他可能不知道惠嬪娘娘對溫太醫說重話是因爲愛，他甚至納悶爲什麼整集都沒看到甄嬛，因爲他不知道那位叫「莞嬪」的女子就是甄嬛。

我們要體會國際新聞的有趣之處，就必須先把前面四十九集追起來，而要做到這件事還眞不容易。你得先讀過兩造雙方的歷史和地理，接著了解新聞主角的人物個性、宗教差異，最後再用一點點當代政治的基礎知識，才能充分體會到國際間的風風雨雨。

這就是國際新聞最麻煩的地方。一篇喀什米爾爆炸案的報導大概五分鐘，但畫面背後都是千絲萬縷：可能是上百年的歷史糾葛，可能是近五年的百轉千迴。若眞要把事情講透，可能出一套六冊的叢書都講不完。可是我們現在講的是新聞節目，不是連載數十集的八點檔啊。我難道還得幫你做個前情提要，新聞播完還要下集預告？要不要乾脆拍成漫威宇宙，字幕跑完再埋個小彩蛋？不行，你只有五分鐘，自己想辦法。

於是很多前言後語都被省略了。原本是一張滿是細節的拼圖，爲了節省時間，只能把中間的過場統統拿掉，留下一個又一個空白，而每個空白都成了下一個問題的開端。例如爲什麼巴基斯坦願意把瓜達爾港租借給中國？爲什麼印度是跑去跟歐洲議會抱怨，關歐洲什麼事？不是啊，我看新聞是爲了讀懂世界，怎麼反而換來更多不明白呢？

這題難道無解嗎？你非得坐下來好好跟我講三個小時的歷史故事，我才能讀一則五分鐘的爆炸案嗎？還是有辦法的，我們把總時長分段就可以了。我一直很喜歡一個例子：當我今天在晚餐飯後給你一顆巴掌大的富士蘋果，要你立刻吃完，你可能會面有難色。但是當我把它切成一小塊一小塊的，你是不是就不覺得困難了？我們今天被老闆交代要完成一項長達六小時的任務，如果分成每天兩小時、總共做三天，是不是就覺得好像可以勝任了？**國際新聞是可以分期付款的，每個人用自己能夠負擔的方式每天前進一些，用不著憋著一口氣衝到終點。**

只是這個責任必須由我們自己扛下，不能期待他人拉著你前進。原因就跟其他能力一樣，國際識讀力也是需要時間培養的，並非一蹴可幾。我們活在社群媒體可以快速按讚分享的時代，總是忽略「時間」的重要性，忘記很多東西需要時間證明和累積，才有可能稍微成就一點點。第一步，你要先習慣每天撥一點時間，瀏覽至少數篇國際新聞標題。這件事一點都不難，我會在最後一章告訴你一些很有用的工具，降低你的門檻。

但如果你連每天十分鐘都抽不出來，那我們就很難繼續往下走。這跟你聰不聰明、忙不忙、喜不喜歡國際新聞一點關係都沒有。就跟健身一樣，不一定每個人都要花錢去健身房運動，不健身的人照樣可以長命百歲。但是你就得接受某些時候你會比別人吃力：人家平常可以搬重物，可以爬百岳登頂拍網美照，但你可能搬一箱礦泉水就氣喘吁吁，平常坐在辦公室就肩膀痠下背痛。國際識讀力的培養也是如此。你想比別人掌握更多經濟脈動，進而改善自己的財務狀況或是增加跨國工作的機會，就**必須接受「這件事需要時間」的現實**。更何況，這本書最後會給你很多實用的技巧和工具，大大縮短你所需耗費的時間，如果這樣仍無法提高你閱讀國際新聞的意願，或許我們的緣分未到，假以時日有機會再相遇。

讀新聞像在拼拼圖，不要只看單篇

國際新聞難讀，還有最後一個問題要解決：**內容分散**。這跟我們第一點提到的來源分散不一樣。當我提到「內容分散」，指的是單篇新聞之間缺乏連結性。「新聞」發生於社會，而社會上大多事件都有關聯。在國內新聞欄目裡，我們能夠很輕鬆地找到相關性。你知道一則「交通部長下臺」的政治新聞，其實是「火車出軌翻覆，造成多人死亡」的社會新聞的延伸；一次「店家抱怨夏日電費太貴」的路邊採訪，其實是源自於在野黨反對執政黨關於綠色能源政策的風向。你平常不會特別覺得這些新聞難讀，是因爲我們就活在臺灣這塊土地上，這些事情都發生在我們眼皮子底下，不用記者多補一句「這跟誰有關」，你自然可以形成判斷。

但國際新聞就相當困難了。

我舉個例子。以下四則看似截然不同的國際新聞標題，它們之間其實相隔不到一個月：

- **中國在南中國海實施軍演　美國也派遣航母前往演習（2020.07.04）**

・印度全面抗中！封殺中國App、中資建設　印官員加碼：拒加入「任何中國爲成員的貿易協定」（2020.07.06）
・俄羅斯協助印度空軍緊急採購21架「可攜超音速飛彈」戰機（2020.06.21）
・川普推動擴大版G7峰會　俄外交部：中國不可或缺（2020.07.04）

以上四則新聞，除了國家角色重疊之外，你幾乎看不出來關聯性。把關鍵字拉出來，橫跨南海、軍演、App、空軍、G7，議題之間根本搭不上邊。但我們仔細說明箇中故事後，你會訝異：原來只要用四則新聞，就可以看出在二〇二〇年七月這個時間點，印太地區竟然如此劍拔弩張、暗潮洶湧。

第一則：美國為了它，跟中國在南海槓上

・中國在南中國海實施軍演　美國也派遣航母前往演習（2020.07.04）

我們先看第一則新聞，主角是中國和美國。劇情是這樣的，中國先宣布，他將於七月一號在南海的西沙群島附近進行五天軍演。這西沙群島可不是什麼悠哉度

假的小島，而是南海爭議的其中一個核心衝突，中國和越南都宣稱擁有該群島的主權。所以中國在那附近進行軍演，對越南當然是一種挑釁。在川普帶領下，已經和中國進入對抗態勢的美國想必也得有所作爲。美國表面上裝沒事，不直接指責中國的軍演意圖，卻在七月四號也開了兩艘航艦跑去南海，說我們也要演習。

看到美國軍艦跑來南海，中國當然氣，對著美國說南海本來就是我的，我在我家院子軍演，合情合理合法，你美國跑來我家後院幹麼。美國的回覆也很四兩撥千金，直接裝傻說我哪有，我這兩艘航艦只是在支持自由和開放的印度—太平洋，讓美國的盟友知道，美國愛他們，願意守護他們，跟你中國又沒關係。

美國沒指明盟友是誰，但大家都知道，是因爲他……

第二則：印度和中國

・印度全面抗中！封殺中國 App、中資建設　印官員加碼：拒加入「任何中國爲成員的貿易協定」（2020.07.06）

印度和中國一直都處不好。

他們從父執那一輩就在吵架，吵以前留下來的土地家產（喀什米爾）要怎麼分，吵誰才是亞洲第一。以前都只是打打嘴砲，沒想到後來還真的動手打人了。二〇二〇年五月，印度和中國在喜馬拉雅山上的邊界起了爭執，你推我我打你，雙方都派更多兵力到山上圍事。最後甚至造成數名士兵在高海拔地區摔落山間，成了凍死骨。

山上打得火熱，山下不能閒著。印度宣布禁止使用中國五十九種行動裝置軟體，尤其是那風靡全球的抖音（海外版稱「TikTok」），以及號稱沒有言論審查的微信。這一禁，抖音立刻損失超過六十億美元，印度真是喊水會結凍的一個大市場啊。除此之外，印度還禁止中國企業參與印度國內的交通建設，就連中印合資也不行！印度甚至直接宣布，拒絕加入任何有中國在內的貿易協定！這很明顯是在講東協的《區域全面經濟夥伴協定》（RCEP）③，去年印度就在東協峰會上斬釘截鐵說了，RCEP有中國就沒有我，現在總算是正式宣布不參與了。

第三則：俄羅斯想幫印度，因為……

・俄羅斯協助印度空軍緊急採購21架「可攜超音速飛彈」戰機（2020.06.21）

中國和印度在樓下吵架，樓上那個房客已經偷看很久了，就是俄羅斯。

俄羅斯知道印度不喜歡中國，這是全社區都知道的事。但他也知道，在軍事上雙方差異太大了，雖然都是擁核國，但中國自主研發的飛彈和戰鬥機越來越先進；就更別說現役軍人數量了，中國解放軍夯不啷噹也有個兩百萬人，印度身為人口第二多的國家④，不過也才一百四十四萬名現役軍人。所以俄羅斯知道，印度可能會打不贏中國。而這給俄羅斯帶來了隱憂。

俄羅斯為什麼為印度瞎操心呢？不是因為普丁愛印度，也不是因為他倆在歷史上有什麼兄弟情誼。單純因為兩個原因：第一，俄羅斯不甘願看中國成為亞洲第一。萬一中國崛起了，可能會在亞洲這個社區鬧事，難說哪天回頭咬俄羅斯一口，那可不行。第二，俄羅斯更怕印度輸。因為如果印度一緊張，他第一個求救對象就會是隔壁社區的美國。欸這萬萬不可啊，如果給了美國藉口，長驅直入亞洲社區，那俄羅斯的社區主委大夢豈不心碎？

所以俄羅斯決定，他要幫印度強身健體，讓印度不這麼害怕中國。於是他在印度向他求救時，二話不說直接給印度幾架戰機，防空飛彈也賣個幾組。賺零花又兼交朋友，他忍不住覺得自己眞是聰明。

第四則：美國打著如意算盤，卻不小心夾到手

・川普推動擴大版G7峰會　俄外交部：中國不可或缺（2020.07.04）

所有社區的有錢人又要開里民大會了，就是G7，中文叫做「七大工業國組織」。

G7每年都開會，沒什麼了不起的。每一年，地球里裡的幾個社區主委都會分別提出一些看似為整個里著想的議題，放到檯面上大家討論討論。會有這個G7，是因為這七個住戶特別有錢，大部分管理費都他們在繳，其他社區的住戶也就任他們七個決定整個里的大小事務。

二〇一九年的里民大會開始了。最有錢的社區主委美國說，最近有幾戶發展得也相當好，我打算邀他們進來一起開會。美國直接點名澳洲、南韓、俄羅斯和印度。澳洲、南韓和印度這我是明白的，他們都是美國的盟友嘛，平常很聽美國的話，美國幫他們爭取一個上流社會的名額也是合理。

但發展最好的中國竟然沒有在名單內？這說不過去吧，論工業發展，中國也是急起直追，你看他5G技術多厲害。論經濟量體，中國更不用說了，早就成為全

球第二大經濟體。那美國爲什麼硬是不提中國呢？這還不簡單，其他住戶都看得出來，美國想要排擠中國，他怕中國壯大，擠下他「天下第一社區主委」的位置。

沒想到美國的提議反而被俄羅斯抓到把柄。他要擾亂這盤棋，來個弄狗相咬（臺語：lōng-káu-sio-kā）。於是他回應美國說，當然好，雖然你們之前把我踢出G8，但我大人有大量不跟你們計較，現在誠心誠意邀請我回去我當然樂意。但是（推眼鏡），既然要擴大舉辦，怎麼可以不找中國呢？中國現在這麼重要，占全球GDP高達一七．五%，沒有中國的里民大會，應該沒辦法討論事情吧？

俄羅斯丟下這句話就笑笑地走了，留下尷尬的美國。美國原是想要拉攏俄羅斯，看能不能共同抑制中國崛起，想不到竟然反被俄羅斯將了一軍。他開始思索要怎麼對付這兩國……

拿到所有線索，拼圖才有意義

如果說這四則新聞是一齣八點檔，那這四則分別就是劇情支線。美中俄印四個主角，各有各的恩怨，也各有各的盤算。美中對抗，這是明眼人都看得出來的劇情主線，貫穿全劇。但同一時間，美國也必須挪出心力協防印度，分散中國在南海的注意力。於是我們看到美國派出軍艦到南海演習，嘴裡還嚷嚷著維持印太和平。印度自己也提防著中國，所以退出RCEP，也下令國內禁止使用中國App。但印度心裡明白，只靠美國是相當危險的，於是他也跑去找俄羅斯買武器，一來加強軍事實力，二來讓美國知道，選擇權在我印度手上，別把我當小老弟看。最後鷸蚌相爭，俄羅斯就跳出來當那個漁翁。所以他樂得賣武器給印度，可以同時阻止中國崛起，又拉開美國和印度的關係。

這就是國際新聞最有趣的地方。每則新聞一定都跟其他新聞有關，而且彼此串連、呼應。有時候表面看起來好像是個無關緊要的消息，但如果將之前你看過的某一則新聞拿出來比較，說不定又有了新的解釋。**讀國際新聞就像是拼一幅超大拼圖**，當你拿到單片拼圖，你會納悶：這到底要放在哪裡？是左上角的那片天空，還是右下角的那個池塘？所以不能搶快，不能立刻就想要得到解答。很多時候單篇的國際新聞看似無聊，讀起來像在荒蕪中漫步，前不著村後不著店的，你覺得枯燥，就輕易放棄了。但不久後的某一天，當你又讀到別篇新聞，說不定就跟前一篇拼在一起，串成有意義的故事線。我很喜歡接上拼圖的瞬間，會覺得自己頭上有顆電燈泡突然發光，帶來的成就感值得我開心一整個禮拜。

每則新聞都只是繁星中的一顆星星，你單單抬頭看，只覺得眼前盡是一模一樣的白點，是看不出有趣之處的。但如果我幫你把星星之間的線連起來，畫成一幅幅星座圖，你是不是更容易理解它們之間的關係了？就像每個人從小都知道北極星怎麼找，只要先找到最亮的七顆星，連成一柄勺子，再往後延伸幾步，那就是北極星。國際新聞也是如此，我們只是因為還不認得國與國之間的關係，腦袋裡沒有一幅完整的星象圖，當然看什麼都是滄海一粟。所以內容分散並不難解決，只要腦中有一個清楚的故事結構，當你看見新聞時，自然就可以舉一反三。你看得越多，越能融會貫通，就像哆拉Ａ夢的百寶袋，隨時都能找出過往讀過的新聞，拼出一個你所理解的世界。把這個概念搞清楚了，你就會開始獲得讀國際新聞的樂趣。

---

①意指二氧化碳排放量達到歷史最高值，達峰之後進入逐步下降階段，是碳中和的前置條件。

②藍皮書一般是指專家或專業機構對某領域的年度研究報告（以藍色代表客觀描述），一般常聽到的「白皮書」則是專門用於政府發表重要文件和報告。

③由東協十國發起，再加上中國、日本、韓國、澳洲、紐西蘭等與東協有自由貿易協定的國家共同參與。

④二〇二三年，印度人口已超越中國，成為全球第一。

第2章 立場、風向、編輯臺

立場不是壞東西

我很喜歡發問卷給讀者塡，也常常在演講場合留很多時間給學生提問。我最常被問到的一個問題就是：**「如何不被帶風向？」**這個問題當然不是國際新聞特有物產，國內新聞同樣也有。只要關係到「傳遞消息」，就一定會遇到這樣的困惑：「他給我的資訊到底站在哪一邊？」

首先我們一定要先認知一個事實：**每個媒體都有立場**。噢先等等，我想這時候你一定會想出很多例子來反駁我。我想我們先建立一個共識，那就是「立場」的定義。

翻開《國語辭典》，立場的定義如下：

「批評、觀察或研究某問題時所持的一定方法與基礎思想中心。」

例如，「站在教育的立場，我們希望能杜絕惡補的現象。」「身爲軍人，他的立場是堅守崗位，不隨便向敵人投降。」上述這兩個立場聽起來很合理吧？是不是一點問題都沒有？如果今天有個媒體說「秉持著報導眞相的立場」，你也會覺得這是應該做的事，跟站在誰的立場無關吧？

所以「立場」並不是你一定站在哪一邊，或是你一定是左派或右派。**立場指的是你長期用什麼方法或態度觀察時事，它所代表的價值觀是比意識形態更大的。**

在這樣的定義下，每個媒體都會有立場。甚至應該說，**每個媒體「都應該要有立場」，因爲立場是用來強調「你和別家媒體不一樣」**的地方。如果一家媒體標榜「毫無立場」，那它有很高的機率會變成一個「內容農場」，裡面什麼樣的新聞都有，但你說不出它的核心價值是什麼，同樣一則新聞，爲什麼要看它的，而不是看其他媒體。

另外一個沒有立場的下場，就是變成沒有溫度、毫無血色的「記事本」，上面寫著「塔利班占領阿富汗，美國軍隊凌晨撤離」，就這樣一句冷冰冰的話，沒有情感、沒有同理心，彷彿在讀電器的使用說明書。我相信那樣的媒體就算再怎麼公正，都無法讓你留下深刻印象。舉例來說，臺灣的公共電視從二〇一八年以來，一直蟬聯最受信任媒體品牌第一名，應該相當公正無私沒有立場了吧？但同一時間，公視也是臺灣民眾「使用頻率」吊車尾的媒體，非常可惜。

所以回到我的前提，沒有媒體「毫無立場」。所有媒體爲了在市場上建立存在價值，都會設立一個價值觀，跟觀眾說「我這裡的新聞是這樣的」，這樣才有可能留住觀眾。所以眞的不需要找到一個百分之百「純淨無立場」的媒體，一來你找不太到，二來就算找到了，你應該也看不久。既然如此，你要做的不是「找到一個沒有立場的媒體」，而是「認識每個媒體的立場」，從當中挑選一個你願意信任的。

如何判斷媒體的立場

現在開始，我們可以用嶄新的角度去看待「立場」這個酷東西了。我們認知到，每個媒體，甚至是每個人都會有立場；下一步就是「**如何判斷現在這篇報導是持什麼立場**」，接著就可以進階到「**讓媒體的立場爲我們所用**」。

判斷媒體的立場很難嗎？以前很簡單，現在越來越複雜了。

在過去，人們大多從單一媒體獲取新聞來源。最具代表性的媒介是「報紙」，每個家庭選好一間價值觀接近的報社，一訂就是好幾年。我從小就是個愛看報紙的小孩，我們家固定訂閱《聯合報》，我高中補完習回家，最常做的事就是裝一碗牛奶麥片，自己一個人在餐廳開著小燈，把那天的報紙統統看完。所以對當年的我來說，不管是國內新聞、國際新聞，乃至於八卦新聞，全部都來自《聯合報》這麼一家報社，我只需要搞清楚《聯合報》的立場是什麼就好。題外話，我國中還投稿過《聯合報》副刊，賺到人生第一份稿費，是彌足珍貴的四百元。

現在可複雜了。人們獲取資訊的管道像被鞭炮炸到一樣散落各地，有時候爸媽Line給你一則新聞，有時候滑臉書看到別人分享一篇文章。消息從四面八方傳到你面前，你還來不及分辨這是什麼媒體，就糊里糊塗把文章看完了。

試著回想一下，每次從Line群收到別人傳的新聞連結，你第一眼會看到什麼？**網址**。再往下是**新聞標題**，再下面才是兩行**內文**。然後你點進去連結，進到網頁裡，很直覺就開始閱讀文章了。全部讀完後，你會有別的動作嗎？大部分時間沒有，你就是看完然後心裡想著「原來是這樣」，就把瀏覽器關掉了，或是按下「分享」，把這篇文章傳給其他親朋好友。

在這過程之中，**會刻意留意是哪家媒體的請舉手？**噢有幾個人。那會再往上去**看是哪位作者的舉手？**哇幾乎沒有。那我應該也不用問有誰會去查證正確性吧？是的，我們在這樣的閱讀習慣下，幾乎會忽略「媒體來源」和「作者」，無條件擁抱網路後面這位陌生人給你的所有資訊。這就是當代人看新聞的辛苦之處：**資訊多到你無處躲藏，你的時間只夠囫圇吞棗。**

所以第一件要做的事，就是**建立起「確認媒體來源和作者」的良好習慣。**

我會在最後一章介紹所有我最常閱讀的外國媒體，但在這裡我先提幾個媒體做爲舉例。

如何判斷一個媒體的立場，第一步要看的就是他們的**「出資者」**。例如**美國之音**就是由美國國會撥款的公營媒體，任務就是美國政府的傳聲筒。而在伊斯蘭世界中頗具盛名的**半島電視臺**是由卡達王室出資，也算是一種國營媒體；只是卡達王室追求的不是「打造一個卡達的大外宣」，而是向全球提供伊斯蘭視角的國際新聞，野心比「單一政府傳聲筒」再大一些。**英國廣播公司**ＢＢＣ比較不一樣，它也是由英國納稅人出資，但一九二七年開始，ＢＢＣ就被設定爲非營利的「公共媒體」，意味著它並不爲政府發聲，而是爲了「公民」而存在。

我爲什麼要特別強調媒體的出資者？因爲回到前面所講的，媒體都有立場，而立場往往來自出資者的價值觀。美國之音的立場就是「反應美國政府的聲音」，半島電視臺的立場是「傳遞伊斯蘭國家的理念」，搞懂這些媒體抱持什麼態度在做報導，你就不會在無形之中被洗腦而不自知了。

等等，這裡說到洗腦，並不必然是指這個媒體壞壞，或是它在騙你。我們把「洗腦」這個詞看得中性點，就是一**個人想把他的價值觀灌輸給你**，而這不一定有明確的對或錯。例如三立的立場是「以臺灣角度出發，提供正面影響的報導」，而光譜另外一端的旺旺中時是「增進兩岸情感，建立互信互諒互解」。這兩家媒體都想把他們的價值觀透過各種形式呈現在你面前，讓你成爲他們的一分子。

媒體能夠影響你的做法有很多種，除了鋪天蓋地報導某一面向的內容，還有更多魔鬼藏在細節裡。既然我們要讀懂東風，就不得不一一拆解他們的招式。

隱惡揚善的選題：只讓你看到他想給你看的

既然有些媒體是大外宣，就肯定有一些政績要宣導。所以我們來看看以下兩個媒體在二〇二二年一月五日分別報導了哪些新聞：

一、俄羅斯衛星通訊社中文網（俄羅斯官方媒體）：

· **拜登的支持率跌至歷史新低，只有44%**

這篇新聞就如標題所說，強調拜登現在支持度很低。

· **中國外交部：駐外美軍屢次成爲全球疫情「超級傳播者」**

· **美國疾控中心：「奧密克戎」感染占到美國新增確診病例的95%**

這時期正在流行Omicron，俄羅斯衛星通訊社多日報導美國疫情嚴重的新聞。

· **俄副外長：俄羅斯跨部門代表團將參加俄羅斯—北約理事會會議**

這段期間俄羅斯和烏克蘭邊境劍拔弩張，俄羅斯說會和北約坐下來好好談。

・俄北方艦隊 2022 年將為巴倫支海基利金島清理廢金屬

這則新聞是說，俄羅斯說他們會派軍人們去清理北極的生態，算是正面加分的報導。

我挑了五篇新聞，你可以發現，其中不乏貶低美國的，當然也有褒獎俄羅斯自己的。接著我們來看看美國之音中文網在二〇二二年一月三日到一月五日的報導（因為文章比較少，我區間抓大一點）：

二、美國之音中文網（美國官方媒體）：

・美國在伊拉克挫敗了兩次無人機襲擊

・拜登稱讚允許兩星期後部署 5G 無線技術的協議

這兩條都是在讚揚美國的威風，也是一種揚善。

・五核大國承諾防止核戰爭一天後　北京稱繼續對核武庫現代化

・美國司法部：再有一名華裔藥物研究員對竊取商業機密指控認罪

- **布林肯與布加勒斯特九國外長通話：與立陶宛團結一致　對抗中國經濟脅迫**

這三條非常明顯在打擊中國的形象，不管是用字遣詞，還是選題，都顯示出美國對中國的強硬態度。

- **美聯社：憂慮中俄威脅　美國改變核武政策可能性大減**
- **拜登對烏克蘭總統說：如果俄羅斯進一步入侵烏克蘭，美國和盟國將「果斷回應」**
- **北約和俄羅斯將就莫斯科在烏克蘭邊境集結軍隊問題舉行談判**

終於來到美俄關係。你可以立即看出美國之音寫了相當多俄羅斯和烏克蘭的新聞，並且都帶有批判意味。

我們簡單地挑出幾則新聞，就可以看出兩邊媒體在選題上有著截然不同的取向。俄羅斯衛星通訊社特別強調美國防疫的缺失，美國之音則著重在俄羅斯對烏克蘭的軍事威脅。他們不見得在報導裡說謊，畢竟美國的確診人數眞眞確確是全球最高，俄羅斯帶給烏克蘭的威脅也擺在眼前。但光是「只報導某一面消息」，就足以影響你對這個世界的認識。以前常說的「井底之蛙」，用來形容只看單一媒體的讀者意外適合。

你的司馬昭之心，我從標題就看出來了

看完「選題」的巧思，我們現在把範圍縮小，來到「文章標題」的小小世界。在國際新聞裡，就連標題都可能是帶風向的武器。我們以二〇二一年以色列和巴勒斯坦激進組織哈瑪斯（Hamas）的一場衝突爲例。

以色列這塊地住著很多信奉伊斯蘭教的巴勒斯坦人，分別集中在兩個區域，一個是東邊的**約旦河西岸**（West Bank），一個是西南邊小小一塊靠近地中海的**加薩走廊**（Gaza Strip）。而這兩塊區域內，又存在少部分的軍事組織，其中最知名的就是**巴勒斯坦解放組織**（Palestine Liberation Organization，簡稱 PLO），和位於加薩走廊的**哈瑪斯**。

二〇二一年五月，正值穆斯林齋戒月；尤其是五月八日，正是齋戒月裡頭最

神聖的夜晚，稱爲「尊貴之夜」。在尊貴之夜，穆斯林會前往鄰近的清眞寺，好好紀念他們的先知穆罕默德。但正好在前一個月，以色列境內才剛發生數起穆斯林和猶太教徒的衝突，以色列警方不敢大意，派出大批警力圍住知名的**阿克薩清眞寺**（Al-Aqsa Mosque），甚至阻擋載滿穆斯林的遊覽車。然而這項行爲更加激怒現場的穆斯林，在一番推擠後爆發激烈衝突。以色列警察荷槍實彈闖入清眞寺，巴勒斯坦穆斯林也拿石頭和煙火丟向警察和往來車輛。最終以色列警方激烈清場阿克薩清眞寺，場面怵目驚心。

這時位於加薩走廊的哈瑪斯動怒了。哈瑪斯指著以色列說，你膽敢對阿克薩清眞寺的穆斯林動手，就別怪我們不客氣。哈瑪斯限以色列警方在期限內離開阿克薩清眞寺，否則揚言要大動干戈。結果時限到了，以色列部隊並未離開。哈瑪斯說以色列你敬酒不吃吃罰酒，那我就餵你吃火箭吧！於是哈瑪斯和其他武裝團體一起朝著以色列發射了兩百多枚火箭，而且射擊方向直接對著以色列的第二大城市臺拉維夫。別開玩笑了，裡頭可是住著二十八萬人哪！

還好，以色列有個著名的防空系統叫鐵穹（Iron Dome），專門攔截四面八方的火箭攻擊。住在臺拉維夫的市民將火箭和鐵穹對轟的畫面錄了下來，場面像極了復仇者聯盟電影情節。先是哈瑪斯的火箭劃破天際，眼看就要落到城市街道，下一

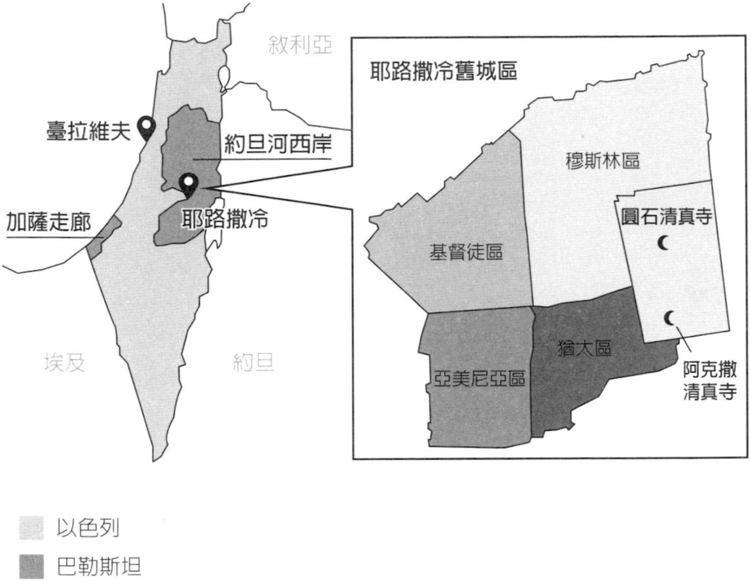

圖 3　以色列與巴勒斯坦勢力圖及阿克撒清真寺位置圖

（此圖為 2019 年的資訊）

秒對面衝出一道火光，與來犯的火箭撞上，成爲黑夜中的一團火球，火箭和攔截彈的碎片瞬間炸開，散落四周。

鐵穹攔截了近九〇%的攻擊，但仍有一〇%落在以色列城市內，造成不小的損傷。以色列不願做甕中之鱉，立刻派出多架戰機，直接空襲哈瑪斯掌控的加薩走廊。這個空襲更是不得了，以色列軍方共發動五百多次突襲，造成超過六十名巴勒斯坦人死亡，數百人受傷。以色列說攻擊目標都是軍事設施，受傷的也是哈瑪斯軍事委員會的高級成員；但哈瑪斯表示，死亡人數中包含了十七名兒童和七名婦女。

這起事件看起來兩邊都有錯吧？以色列警方闖入清眞寺，侵犯穆斯林的宗教自由；但哈瑪斯直接朝著以色列城市發射火箭，恐怕也是踩在戰爭罪的邊緣。這就是國際新聞的核心，所有結果都是透過互動產生，沒有誰是絕對的壞人，卻也沒有人可以說自己是全然的好。每個政權都站在對自己最有利的角度看待事情，而我們若是透過他們的眼，看出去的世界也就成了某一種濾鏡下的結果。

既然如此，我們就來看看兩家出發點不同的外媒會怎麼講這件事。我們光從標題就可以一窺究竟。我們先看從伊斯蘭角度出發的半島電視臺。在事件剛開始，半島電視臺先以短句下標：**「以色列軍隊衝擊阿克薩清眞寺大院」**。這裡半島用了**「衝擊」**兩字，給人一種強硬、霸道的感受。點開內文第一段更是感受強烈：

「根據半島電視臺記者報導，**以色列占領軍衝進**阿克薩清眞寺的聖寺大院，包圍了在禮拜大殿內做禮拜的數千名穆斯林，**並試圖用暴力**清空禮拜大殿，而**導致二〇五名禮拜者受傷**。」

從內文中可以感受出半島的記者對於以色列軍隊的行爲相當反感，用了許多引導性的動詞和形容詞，我都有用粗體特別標註出來。但同一時間，站在以色列角度的美國之音（美國力挺以色列）則輕描淡寫，標題爲**「以色列部隊與巴勒斯坦信徒在阿克薩清眞寺週一再度衝突」**。同樣一件事，來到美國之音時，就變成了雙方衝突，不是單方面的問題。

接著我們看這兩家媒體是怎麼報導哈瑪斯的火箭，以及以色列的空襲。你可以猜猜看哪一句是半島電視臺下的標，哪句是美國之音：

- **以色列軍隊和巴勒斯坦激進分子繼續跨境相互攻擊**
- **230餘枚火箭彈：巴勒斯坦抵抗運動繼續襲擊以色列，加薩地區遭到密集轟炸**

我們來說文解字。第一個標題寫的是「巴勒斯坦激進分子」，第二個標題則是「巴勒斯坦抵抗運動」。你是否感受到兩者的形象有那麼一丁點不同？前者聽起來像是過度激動的恐怖分子，後者的「抵抗運動」聽起來則比較弱勢、受到同情。是的，第一句是美國之音，第二句是半島電視臺；而且半島電視臺還特別強調加薩地區受到轟炸，也是我們前面說的，刻意強調他想讓你知道的事。

攤開同一期間的兩個媒體，報導面向也截然不同：

半島電視臺：

- **占領軍撤離阿克薩，加薩遇難者增加**（2021.05.11）
- **以色列拒絕聯合國停火提議，哈瑪斯設定條件爲占領者結束侵略行動**（2021.05.12）
- **數十人死傷，占領者發動 500 次突襲並承認：從加薩地區向我們發射了 1500 枚火箭彈**（2021.05.13）

美國之音：

- **白宮譴責對以色列的攻擊，強調以巴需獲得公平對待**（2021.05.12）
- **以色列空襲打死幾名哈瑪斯最高指揮官**（2021.05.13）
- **拜登與以色列總理通話，表示「支持停火」**（2021.05.19）

半島電視臺強調加薩走廊的傷亡，並不斷以「占領者」形容以色列，意味著以色列並非耶路撒冷的「原始擁有者」；而美國之音則是持續站在以色列的角度出發，呈現美國和以色列站在同一邊，並爲以色列打抱不平。

這個狀態於二〇二三年十月再次上演，哈瑪斯突然發動「阿克薩洪水行動」，向以色列發射數千枚火箭炮，上千名武裝分子突破加薩走廊的封鎖，闖入以色列境內，無差別攻擊當地居民，造成數千人傷亡，上百名以色列人被擄爲人質。一天後，以色列總理納坦雅胡正式向哈瑪斯宣戰，並準備向加薩走廊執行陸海空全面攻擊。人們再次陷入媒體立場的爭辯，阿拉伯媒體控訴西方媒體一直無視巴勒斯坦七十多年來遭遇的苦難，西方媒體則指責阿拉伯媒體淡化哈瑪斯發動恐怖攻擊的事實。

一個衝突，各自表述。我們可能沒有時間點進每一篇新聞，仔細研究事件始末。於是就在瀏覽新聞標題時，莫名其妙被帶風向了。

編輯者的立場之爭：小心中文世界的陷阱

我們分析了出資者的價值觀，也了解單一媒體的立場會影響選題、下標的方式，以及內文使用的每個字詞。但有一條我們幾乎不曾察覺的輸送帶，無聲無息地將價值觀送進我們腦袋。在「隱惡揚善的選題」那一節裡，我引用了俄羅斯衛星通訊社的許多新聞。你是否在過程中發現一個蹊蹺：俄羅斯衛星通訊社的中文網非常「中國」。回去看看我節錄的標題，一則「駐外美軍的染疫狀況」，竟然是引用中國外交部的話，而不是俄羅斯外交部；你甚至可以看到中國相關的新聞比俄羅斯還多。同樣是二〇二二年一月五日，俄羅斯衛星通訊社報導了以下幾則新聞：

- **中國外交部：立陶宛認識到錯誤是正確的一步　但更重要的是採取行動**
- **中國化妝品牌指責香奈兒不正當競爭**

- 中國網絡監管部門要求對影響輿論的 App 進行安全審查
- 中國移動上市　爲 A 股 10 年最大規模 IPO
- 專家：2021 年中俄關係扎實發展　成爲國際關係全景畫中最吸引人的場景
- 習近平：推動中吉全面戰略夥伴關係再上新臺階
- 中塔建交 30 週年塔吉克斯坦總統稱習近平是好友

仔細端詳主旨，給人的感覺都是以中國爲主體。中國「指責」香奈兒、中國「要求」審查，用字都很義正詞嚴。尤其是最後三條，幾乎全然地「說好話」。如果把媒體來源遮住，我可能根本無法察覺這是俄羅斯官方媒體的中文網。這不只是俄羅斯衛星通訊社的問題，有些外媒的中文網也有同樣症頭，只是不這麼明顯。

爲什麼會這樣？原因顯而易見，外媒都希望經營中文網，接觸到中國廣大的閱聽人市場。當他們要找到接地氣的中文翻譯時，首選當然是**中國人**，而且是用簡體中文的中國人。仔細看 BBC 或半島電視臺的中文翻譯，往往會將「Trump」翻譯成「特朗普」，「Putin」翻譯成「普京」。這就是中國人的翻譯，跟我們臺灣翻成「川普」和「普丁」不一樣。所以下次再看到類似的翻譯，就可以立刻分辨這篇新聞是中國人寫的還是臺灣人（香港也是寫「特朗普」和「普京」）。並不是指中國譯者就一定有某種立場，而是提醒自己多加留意譯者的來歷。

我們最一開始提到媒體的立場時，原本只提到出資者的價值觀，現在又多了一層囉，那就是**「分部」的立場，或是「譯者」的立場**。俄羅斯衛星通訊社明明應該是俄羅斯的大外宣，結果向外經營中文網時，就順便成爲中國的大外宣了。所以再次強調，每個媒體都有立場，因爲上至經營者，下至翻譯人員，每個人都會在報導裡加上他們各自的觀點，最後成爲你眼前看到的文章。

更驚人的是，上述現象也發生在你以爲最公正、最沒立場的地方：**維基百科**。二〇二一年十月，英國廣播公司節目「BBC Click」針對維基百科中文條目的爭奪戰進行深入報導。他們分別用英文和中文搜尋「Taiwan／臺灣」，結果英文頁面顯示**「臺灣是東亞的一個國家」**，但中文頁面截然不同，上頭寫著**「隸屬於中華人民共和國的一個省分」**。而且後臺顯示，「Taiwan／臺灣」一詞的定義在一天之內不斷被修改，儼然成爲一場網路的拔河戰。

是誰改的呢？很明顯是親北京的志願者和臺灣編輯者之間的對抗。維基百科是人人都可以編輯的一個網路資訊平臺，任何人都有權利編輯裡頭的內容。但就像其他協作平臺，總是只有一小部分志願者特別樂意貢獻時間在上頭，而且總是只有他們在編輯。當你抱持著一種自我賦予的使命感時，你會更積極地捍衛自己的信念。

這就是親北京支持者的編輯群正在做的事。他們堅信臺灣是中國的一部分，不容許臺灣編輯者「竄改」他們眼中的事實。

中國一直把臺灣視爲領土的一部分，這臺灣人已經見怪不怪，所以當我們看到「臺灣是中國的一省」時，我們會立刻意識到這是被人意圖編輯的結果。是的，辨別這類洗腦內容是容易的，甚至有點接近直覺反應。**但有些時候，編輯戰的痕跡更隱晦、更不著痕跡，無形之中形塑了你的世界觀。**

二〇一九年，香港爆發反送中抗議。光是在香港內部就有親北京派和民主派兩者截然不同的聲音，也在抗爭過程中以具體的形式呈現。反送中的示威者大多身穿黑色衣服；而在二〇一九年七月，元朗地鐵站突然冒出一群白色衣服的群眾，手持棍棒攻擊準備返家的示威者們。黑與白瞬間成爲兩派勢力代表色，雙方開始用完全對立的字詞形容彼此。建制派稱示威者爲「黑暴」（黑衣暴徒），民主派稱白衣者爲「元朗暴徒」。到底誰才是暴徒？名詞之爭再次成爲維基百科上的角力戰場。

這場編輯戰是極度細微的，甚至難以察覺。原本在「反送中」條目裡有幾張警方發射催淚瓦斯的照片。過沒多久就被親北京派的編輯者刪掉了。爲什麼刪？因爲這樣會讓人們「同情」示威者。又有一張照片，是白衣男子和香港警方並肩走在一起，也被刪掉了，刪掉的原因不難想像。

編輯戰當然不是只來自單方。原本白衣人士被寫做「農村派系」，後來被改成「恐怖分子」，並將襲擊一事定調爲「恐怖攻擊」。後來當然又被經過多次修改。現在去維基百科的「元朗襲擊事件」頁面，你看到的已經是雙方攻防戰後的結果：**「大批身穿白色衣服（部分有鄉事**①**及黑社會背景）的人士。」**看起來是如此地想撻伐，卻又欲言又止。

我早期曾經爲資深媒體人范琪斐撰寫一篇古巴的新聞。當時我引用了許多維基百科中文版的古巴資料。在維基百科裡，古巴是個逐漸好轉的社會主義國家，不但有效抵擋美國的制裁，甚至是拉丁美洲唯一一個完全消除飢餓的國家。但我把稿子交出去時，范姊對於我的稿件抱有非常大的困惑。她對我說：「敏迪，我去過古巴，古巴完全不是你寫的這樣，他們經濟還是非常的慘。因爲美國的長期制裁，古巴像是被凍結，路上都是老爺車。**敏迪我問你，你的資料是不是來自中文的維基百科？」**我丈二金剛摸不著頭緒，完全不知道自己哪裡做錯了。范姊嘆了口氣，緩緩對我說：「中文的維基百科要小心使用，因爲古巴也是共產國家，中國人就會想辦法把古巴的狀況寫得很好，讓人覺得共產也是很有希望的。」

就連維基百科都有立場之爭，你還想要找到毫無立場的新聞來源嗎？

左右只是相對：媒體的意識形態矩陣圖

聊到立場和價值觀，就不能不談談左右派。

如果你本身對於左右派的定義已經相當清楚了，那可以快速跳過這一小節。但是別跳太多，因爲等等我們會聊到媒體光譜的位移，那一段相當精采（自己說）。

我們常聽到人家說「左膠」「極右派」，聽起來都是帶有貶抑的標籤，但這些到底都是什麼意思呢？引用我在《國際觀察曆》裡的說明，左右派不是單一定義，而是形容意識形態光譜當中的兩端。你想像一下，每種意識形態都有一條光譜，例如「集體主義」和「個人主義」就是同一條光譜的左右兩端，這時我們就會說**集體主義是左，個人主義是右**。

但是左右派不是只拿來形容政治立場，它可以套用到每種意識形態上。如果眞的要爲左右派下一個大範圍的定義，我大概會這樣解釋：

- 右派（又稱右翼）：**保守，主張穩妥、秩序、漸進、緩慢的改革方式，強調維護舊有傳統。**

・**左派（又稱左翼）：自由、創新，主張積極改革，革除舊的意識形態和制度。**

在上述的定義之下，可以列出以下幾個最常見的左右派標籤：

革新爲左；保守爲右
集體主義爲左；個人主義爲右
歐洲整合化爲左；疑歐派爲右
國際主義爲左；民族主義爲右
社會主義爲左；資本主義爲右
環保優先爲左；開發優先爲右

但要特別留意，一個人身上是可以有很多張標籤的，甚至左右交錯。有個大老闆可能很喜歡賺錢、追求名利（右），但同時他又吃素、在意動物保護（左）。一位婦女可能是虔誠的天主教徒、主張反墮胎（右），但她也重視氣候變遷、認眞做環保（左）。而在左派政黨裡（例如美國民主黨），又可能有「相對」右派的人，還被同黨黨員嫌棄不夠左。所以盡量不要用單一標籤歸納他人，避免一不小心以人廢言。

在運用左右派說法時，我們也要留意「相對位置」。我們一直強調「光譜」，意味著這不是○或一的零和競爭，而是中間有無限個小數點，每個人都可以找到相對的位置。想像一下，今天有個喜歡團體行動的小主管，他就會被放在靠近**集體主義**這端。但是當這名小主管遇到了一個更要求全體「一個口令，一個動作」的大老闆，相對於這位大老闆，小主管就沒那麼「集體主義」了。也就是說，**左右派是相對的，是比較出來的**。今天有個人說我很環保，我每天都自備便當盒去外面買便當，不使用免洗餐盤；結果有個人站出來說我更環保，我乾脆不吃肉，連碳排放都省了。這樣一來，帶便當盒那個人就比一般使用免洗餐盤的人還要左（環保主義者大多被稱為左派）；但在吃素那位環保主義者面前，又顯得相對右一點點了。

左右派可以用來形容人的價值選擇，當然也就可以用在媒體上。這裡我們可以學會繪製「Media Bias Chart」②。有些論文翻譯為「媒體偏見」，但我個人比較想翻成「媒體立場」。在 Media Bias Chart 當中，縱軸是媒體的價值和眞實性，橫軸是左派或右派。將四個象限拉出來後，你就可以將平常閱讀的媒體來源做個簡單的區分。這邊要稍微介紹**「通訊社」**。國際新聞的發生現場遠在天邊，電視臺不可能開著 SNG 飛到白宮追蹤第一手消息，於是就很仰賴各地的「通訊社」，像是路透社（Reuters）、美聯社（AP），或是臺灣的中央通訊社。通訊社比較像是「挖礦的人」，負責收集新聞報導，寫成新聞後賣給電視臺或紙本媒體播放。所以你現在看到的國際新聞畫面，通常都不是電視臺自己去採訪的，而是跟通訊社購買。因爲它們是第一手的新聞內容產出者，以**取得眞實消息並販售給其他媒體**做爲收益來源。所以它們最好保持不偏不倚，且資訊無誤，否則會砸了自己招牌。接著往左右兩側移動，你會看到一些大眾熟知的媒體，例如《時代雜誌》《紐約郵報》《衛報》。這些媒體的報導往往帶有一些想要傳遞的價值觀，也因此能夠比中間的媒體提供更多觀點的深度剖析。

最後往最兩側走，你將會碰到極左和極右的媒體。在這裡，我們將會看見許多批評和嘲諷。**偏左的媒體攻擊右翼政治人物民粹，偏右的媒體罵左派領袖是左膠**。雙方踩定自己的底線，毫不遮掩地駁斥對面的想法。當一個媒體選擇站在光譜的某一極端，它的存在就已經不再單純只是提供新聞消息，更多時候其實是灌輸它堅定不移的思想。

現在你可以畫出屬於自己習慣的媒體立場圖了。而且不用拘泥於左右派，你的橫軸可以換成**「親中/親美」**，或是**「基督教觀點/伊斯蘭觀點」**，甚至臺灣人最常見的**「統一/獨立」**。把這樣的圖畫出來，或是單純只是放在心裡記著，或多或少都會對你在閱讀各家媒體時提供幫助。

然而，橫軸的相對位置不只是跟別人比，更有可能是跟整個大環境比。這裡我們就要來聊聊「媒體光譜的位移」。

或許不是它變了，變的是世界

香港媒體《端傳媒》是我非常喜歡的媒體，大概從二〇一六年開始追他們的報導。那是個香港還能安穩度日的年代，而國際間的氛圍也不像現在這樣劍拔弩張。當時的我還沒那麼投入國際新聞，但《端傳媒》的報導總能讓我停下手邊的工作，一字一句細細品嘗。**仔細回想，當時就只是喜歡透過《端傳媒》認識香港和中國，沒有特別覺得《端傳媒》站在哪邊，只覺得它們總是「持平而論」**。

在當時，如果要拉出一條香港媒體的光譜，最左邊是親北京的建制派，最右邊是追求眞普選的民主派，那《端傳媒》大概在中間偏右一點點。光譜最右端毫無疑問是黎智英創建的《蘋果日報》，總是將新聞自由運用到極致，直言不諱。在《端傳媒》和《蘋果日報》之間還有一些偏自由派的媒體，例如《信報》《明報》，或是《立場新聞》的前身《主場新聞》。大家在光譜上各自找位置坐，就算大力地針砭時事，港府也鮮少找碴，各自安好。

二〇一九年，局勢突然變得不一樣了。在習近平的領導之下，北京當局日漸收緊對香港的控制權。二〇二〇年七月，中國全國人民代表大會拍板定案「港版《國安法》」③，在這套法律之下，任何危害香港政權的個體或組織即是違法。香港政府開始強調「愛國者治港」，但誰是愛國者，恐怕都由北京當局說了算。而誰不愛國，哪些行爲不愛國，也統統是由政府定義。在這樣的「主觀人治」氛圍下，媒體變得窒礙難行。

二〇二〇年八月十日，香港警察大動作逮捕《蘋果日報》七位高層，包含創辦人黎智英。四個月後，黎智英被國安局以港版《國安法》的「勾結外國或境外勢力危害國家安全罪」起訴，將面臨終身監禁。在高層被抓之後，《蘋果日報》面臨投資人收手、廣告商卻步等商業困境，且香港政府還以「勾結外國勢力的黑錢」爲由，直接凍結其高達六千四百八十萬臺幣的資產。家裡沒大人，資金又被斬斷，二〇二一年六月二十四日，香港《蘋果日報》宣布停止運作。光譜最右側那根支柱，應聲倒塌。

「以前大家都覺得，《蘋果》沒事我們就沒事，現在《蘋果》有事了，大家就在想，那我還要繼續在這嗎？」前《端傳媒》總編輯張潔平在我的專訪中回憶起《蘋果日報》倒臺時的感受。

《蘋果日報》的垮臺，讓香港媒體光譜瞬間位移。原本沒那麼極端的《立場新聞》或《衆新聞》瞬間成爲光譜最右側，變成「最」對抗港府和北京當局的媒體，而《端傳媒》也跟著再往右移了一點。我後來問潔平，爲什麼《端傳媒》當時會選擇對抗港府和北京。潔平說，《端傳媒》從來沒有「決定」要對抗北京，它一直都在同一個點上，秉持著一樣的立場做一樣的事。**實際上是媒體的光譜位移了**，是北京當局改變了對香港的治理方式。當政府縮小了媒體自由的框架，原本中立的報導方式，現在看來都像針在刺。

讓資訊從四面八方來，讓媒體立場爲你所用

所以說，媒體不僅有立場，還有可能因爲經營團隊轉換、外在環境改變、政治

壓迫等各種原因，使得現在的立場和當初不一樣。我曾在訪問時被問到：「敏迪，能不能推薦幾個具有公信力的媒體呢？有沒有一個清單是我們可以放心閱讀的？」我心裡沒有答案，因爲實際上，我認爲沒有一個答案是永久成立的。**人會變，媒體也是**。如果你把一個你很信賴的新聞平臺刻在一個名爲「絕對好的媒體」清單上，很有可能會在數年之後有了翻天覆地的變化，這張清單也就作廢了。

既然如此，**我們要學會的不是背出公正媒體的清單，而是隨時隨地辨別媒體的立場，進而擴充自身的觀點**。我在這一章前面有說：**「讓媒體的立場爲我們所用。」**這代表我們不僅要迎接媒體吹來的風向，還要把這樣的風向做爲探照燈，照向另外一側，看看另外一端的說法。

每當這種時候，我都會以半島電視臺爲例。我相信在臺灣長大的我們肯定有個刻板印象：「中東大多是穆斯林，而且他們很多都是恐怖分子！」但奇怪的是，臺灣幾乎沒遭受過穆斯林的恐怖攻擊啊；更何況臺灣只有不到〇．三％的人信奉伊斯蘭教，就連從印尼過來的外籍穆斯林人數都比臺灣本地穆斯林還多。說穿了，我們對伊斯蘭教毫無所知，那「穆斯林都是恐怖分子」的刻板印象到底是哪來的呢？

其中一個原因與我們習慣閱讀的媒體來源有關。

爲什麼我們從小到大的價值觀大多由西方過來？第一個原因可能是美國和歐洲

國家的強大。人都是這樣的，誰比較強壯我就學習誰，他的成功肯定有原因，我為了跟他一樣厲害，當然是多吸收他那邊的資訊。所以我們毫不猶豫地將西方觀點納入到我們的生活中。不管是新聞、學識、娛樂、科技發展，乃至於國家治理方法，毫不保留地吸收進來，盼望成為我們自己的東西。另外也不能忽視語言的統治力。英語是臺灣最普遍使用的第二外語，在這樣的情況下，英語系媒體理當成為我們吸收外界資訊時的首選。

然而過度熱情擁抱西方價值的結果，就是把一些偏見和誤解也一併咀嚼到我們腦袋裡了。我們對於穆斯林的刻板印象便是最明顯的例子。

最明顯的轉變來自二〇〇一年的九一一事件。當時我大概小學五年級吧，早上剛進到學校，老師趕緊打開教室前面的電漿電視，螢幕上兩架飛機撞上雙子星大樓的畫面不斷重播。當時我年紀還很小，根本不知道這是怎麼一回事，只覺得怎麼有人開飛機撞大樓，是不是飛機壞掉了。接著連續好幾天，臺灣的報紙、電視臺統統都在轉播美國總統小布希的演講。**小布希堅定地說：「這是一場恐怖攻擊，現在全世界都要決定，你要站在美國這邊，還是與恐怖分子為伍。」**經過幾個禮拜，所有證據都間接顯示，位於阿富汗的蓋達組織（al-Qa'eda）籌畫了這場恐怖攻擊行動；而蓋達組織的領袖，就是奧薩瑪．賓．拉登（Osama bin Laden）。在那之後，美國向阿富汗發起反恐戰爭，一打就是二十年。

美國過往也遭受過幾次恐怖攻擊，但從沒一次像九一一事件這樣引發全球關注，也激起全美國人民悲慟的凝聚力。人們開始對包著頭巾的穆斯林充滿敵意，道路上排擠和仇視隨處可見；機場的安檢和海關也綳緊神經，對著來自中東國家的穆斯林加倍盤查，就怕再次有恐怖分子挾持飛機，憾事重演。對穆斯林的歧視蔓延到生活的方方面面，那是來自曾經受傷的恐懼。美國人啓動自我防衛機制，卻也同時造成全球對穆斯林的負面印象。而這樣的印象，一留就是數十年，至今未退（伊斯蘭國的崛起則讓情況更加嚴重）。

我們一直講伊斯蘭教和穆斯林，但其實眞正要審視的不是宗教，而是美國長期以來和中東國家的政治關係。二〇〇三年，小布希發動對中東國家的戰爭，只是這次對象不是阿富汗的蓋達組織，而是伊拉克獨裁者薩達姆．海珊（Saddam Hussein）。小布希說，伊拉克藏有大規模殺傷性武器，而且暗中支持恐怖分子，不打不行。但也有人說，是美國覬覦中東地區蘊藏的巨大石油利益，想在伊拉克扶持親美政權，未來才能掌握中東局勢。無論是哪個因素（或許本來就不只一個），美國和許多中東國家就是一百種處不來，造成我們時常看見的結果：在一些特定國際局勢上針鋒相對。

海珊垮臺之後，跟美國吵最凶的國家換成了伊朗。二〇二〇年一月，時任美國總統川普宣布美國成功擊斃伊朗二當家，也是現任伊朗最高領袖哈米尼（Ali Khamenei）的專屬部隊將軍——蘇雷曼尼（Qassim Soleimani）。這個蘇雷曼尼可非等閒之輩啊。我們都知道，中東就是個代理人戰場。美國扶持以色列和沙烏地阿拉伯，俄羅斯扶持敘利亞阿薩德政權，伊朗資助伊拉克反美勢力，而蘇雷曼尼，就是伊朗代理人的首要戰略師。不誇張，伊朗在中東的擴張和布局，都是蘇雷曼尼帶著他精銳的「聖城旅」（Quds Force）所建立的。

蘇雷曼尼死亡的消息傳出後，全球都坐不穩了。先不說伊朗要不要報復，光是在敘利亞、伊拉克、黎巴嫩，蘇雷曼尼所栽培的各地民兵組織都立刻站出來，要美國血債血償；伊朗人民還拿著蘇雷曼尼的肖像走上街頭，表達對這名將軍的哀悼之意。至於伊朗最高領袖哈米尼，先是宣布全國哀悼三天，接著說「染滿蘇雷曼尼及其他殉道者鮮血的罪犯，等著遭受嚴厲報復」。伊朗人民應聲附和。

蘇雷曼尼之死，不過是美國和伊朗恩怨情仇錄裡頭的其中一個小章節——他們有太多可以吵的了。總的來說，我們對伊斯蘭教抱有嚴重的刻板印象，很大程度源自於美國對伊朗的忌憚；再加上伊朗是伊斯蘭教什葉派的老大哥，底下帶領著哈瑪斯、真主黨（Hezbollah）、胡塞武裝組織（Houthis）等小跟班，最終形塑了**我們**

從美國角度看出去的世界樣貌。

然而伊斯蘭國家就眞的這麼好戰嗎？穆斯林人人都是恐怖分子嗎？我會在第四章跟大家介紹伊斯蘭教，以及中東國家的權力分布。但相信我，就算中東有再多恐怖組織，也不會導向「穆斯林都是恐怖分子」如此極端的結論。這樣的刻板印象不會解決任何問題，只會造成更多困惑和分裂。所以如果我們持續只看某種世界觀的媒體，這樣的情況只會越來越惡化。我們會永遠聽不見另一方的聲音，也就無法達到溝通和理解的結果。

所以我會怎麼做呢？**我會刻意去看每個角度的人怎麼說**。例如中東發生了大事，我會第一時間同時觀看來自美國、歐洲、伊斯蘭國家的媒體。我會先觀察美國之音怎麼說，接著再看看半島電視臺又如何解讀。我們至少多看看各方說法，才能避免被某一方完全說服。

走筆至此，我們重新定調了許多刻板印象。過去我們隱約知道讀國際新聞很重要，但哪裡重要，又說不出個所以然；而且就算知道其重要性，準備提起精神迎接挑戰，又被莫名其妙的難關卡住了。所以我花了點時間，用兩章的篇幅幫你把擋在路上的隱形障礙劈開。現在你有足夠能力離開新手村了，歡迎跟上我的腳步，探索這廣大多變的花花世界。

①這裡的「鄉事」是「鄉事委員會」的略稱，是代表新界民意的法定組織，由村代表選舉產生。
②可參見媒體監督組織「Ad Fontes Media」定期製作的媒體立場圖，二〇二三年八月剛推出第十一版：https://adfontesmedia.com/gallery/。
③正式名稱爲《中華人民共和國香港特別行政區維護國家安全法》。

PART 2

建構你的
國際識讀框架

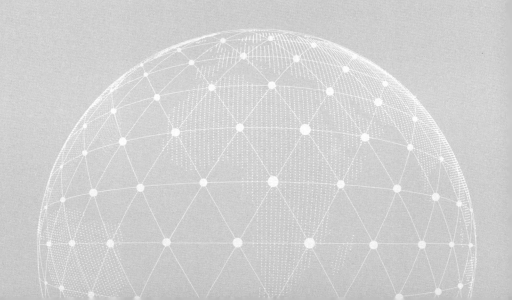

讀完 Part 1，我們像是剛讀完電動說明書的勇者，準備踏入這個看似枯燥乏味，實則驚險刺激、撲朔迷離的國際新聞世界。但在你出發前，我們最好先介紹幾個背景設定，以防你遇到相關事件時丈二金剛摸不著頭緒。我也想在 Part 2 試圖推翻一些陳舊已久的刻板印象，就看我在這輕薄的頁數裡能做到什麼程度了。

第3章

遠水和近火：一切都從地緣政治說起

你有沒有玩過《世紀帝國》？遊戲一開始，你第一件要做的事就是派你的斥侯，咚咚咚地走遍地圖上的所有角落，把所有地形、資源和鄰國方位都搞清楚。誰地圖開得快，誰就贏在起跑點。我跟你說，現實生活中的地緣政治差不多就是這樣。我個人是地緣政治的信徒，而且我認爲人人都該駐足聆聽。我們曉得影響國際關係的因素窮舉無盡，誰都無法斷言印度和巴基斯坦的衝突究竟是宗教隔閡還是民族性使然，抑或是中國從中作梗。**但如果要在千絲萬縷當中抽出第一條線索，我永遠會從地緣政治著手**。

用白話解釋，地緣政治就是研究**「地理因素如何影響和形塑政治與國際關係」**。但我們千萬要注意，這句話不能只解讀爲「誰是你鄰居」。如果地緣政治只看鄰國，那未免太命定論了。彷彿我臺灣一個蕞爾小國躺在中國旁邊，注定就要被大國欺壓得抬不起頭來。現在的我們都曉得，你的鄰居是誰，的確會爲國家的命運帶來深遠影響。但如果我們能善用地緣政治裡頭其他重要元素，我們仍能打一場精采的勝仗；無論是實體的戰爭，或是贏得國際角力的話語權。

那麼，這些元素是什麼呢？其實我剛剛提到的《世紀帝國》開場，就已一語總結了地緣政治的幾大關鍵力量：**鄰國方位**、**地理環境**以及**自然資源**。請容我分別用一些故事向你介紹這三位主角。

鄰國方位：俄羅斯和他的東歐鄰居們

若要舉例說明「鄰國」的重要性，非俄羅斯和他的東歐鄰居們莫屬。二〇二二年一月底，臺灣即將進入令所有上班族歡天喜地的九天年假（姑且不提團圓飯桌上惱人的親戚們）。就在放假前幾天，歐洲傳來令人心驚膽戰的消息：俄羅斯以「聯合軍演」爲名，派駐十二萬大軍在白俄羅斯和烏克蘭邊境，鼓角齊鳴的態勢讓人以爲戰爭近在眼前，世界即將大變。外國媒體無一不用頭版聳動的標題，搭配全副武裝的軍隊照，攤開報紙彷彿在看《哈利波特》裡的咆哮信，聽見各國領袖聲嘶力竭地大喊：**「俄羅斯要入侵烏克蘭啦！要打仗啦！」**

爲什麼俄羅斯要入侵烏克蘭？這要從克里米亞說起。十七世紀時，俄羅斯沙皇國（後改名俄羅斯帝國）陸續將烏克蘭的某些部分納入版圖，十八世紀時再併吞烏克蘭南方一個叫克里米亞的半島。這兩個地方本來是沒什麼關係的，只是因爲俄羅斯帝國擴張，莫名其妙變成了一家人。這裡我們可以看到地緣政治的第一個常見情境：**土地上的居民在帝國擴張的脈絡下分裂與融合。時而併爲國家，時而兵戎相見，劍拔弩張**。

俄羅斯帝國在第一次世界大戰之後分崩離析，羅曼諾夫王朝被推翻，帝國內接連爆發十月革命和俄羅斯內戰，最終由列寧領導的蘇維埃社會主義共和國聯盟（簡稱「蘇聯」）正式掌權。在一片混亂中，境內各個領土趁亂宣布獨立，成了一個個主權國家。但有些國家好景不常，一下子又被蘇聯收服了，**克里米亞人民共和國**和**烏克蘭人民共和國**就是其中例子：前者只建國兩年就被蘇聯併吞，後者改爲烏克蘭蘇維埃社會主義共和國，是蘇聯第三個加盟國。

這裡我們先岔開來解釋克里米亞的民族組成，因爲這對待會解釋二〇一四年的克里米亞事件有所幫助。克里米亞半島上本來住著遊牧民族「克里米亞韃靼人」，但蘇聯認爲這是隱憂，萬一這個民族日後起義怎麼辦，豈不要造成動盪？於是蘇聯決定「俄化」克里米亞，一直塞俄羅斯人到這裡定居，並以「和納粹勾結」等罪名把克里米亞韃靼人趕離家鄉。在經過一輪「種族調包」後，克里米亞半島反而變成俄羅斯人占大多數，其次才是克里米亞人，最後是一點點的烏克蘭人。

故事走到這裡，我們已經看見第一次克里米亞半島的歸屬易主。帝國的盛衰連帶影響這座島的主權，甚至連民族組成都給破壞了。地緣政治就是如此霸道，鄰居相見絲毫不講情面，只看誰的拳頭大，便要惡狠狠地併吞掉誰。但克里米亞的故事還沒完結，八點檔總有個三五轉折。誰都不曉得，現在才正要進入劇情高潮。

一九五四年，蘇聯總書記換成曾在烏克蘭長年工作的赫魯雪夫。不知是太過思鄉，還是單純一時興起，抑或是有著地緣政治和經濟等考量，赫魯雪夫決定把克里米亞半島「送給」烏克蘭，當做俄羅斯和烏克蘭統一週年紀念日的禮物。這個決定當下看沒什麼太大問題，畢竟當時烏克蘭還掛在蘇聯底下，就只是把三峽區從新北市撥到桃園市的概念。結果蘇聯一倒，牽扯數十年的恩怨情仇統統浮出水面。烏克蘭樂得繼續持有克里米亞主權，但住在克里米亞半島的人可開心不起來，因爲他們大部分都是俄羅斯人啊！他們的主權認同突然被迫從俄羅斯人變成烏克蘭人，說什麼都不願意，一直要獨立出來。烏克蘭最後才勉強同意成立「克里米亞自治共和國」，由當地居民自己組成政府和議會，獨立於烏克蘭政府運作，只是主權仍屬烏克蘭。

克里米亞成了地緣政治下的嫁妝，被蘇聯打包送給了烏克蘭，卻一點也不合新家的氛圍。不僅文化上顯得格格不入，居民們也夜不能寐，盼著有一天可以回到俄羅斯的懷抱，衝突遂在二〇一四年引爆。

當時的烏克蘭總統亞努科維奇（Viktor Yanukovych）因爲過度親俄，被親歐派的人馬給推翻了。亞努科維奇一垮臺，俄裔人口居多的克里米亞開始害怕起來，擔心再這樣會讓親歐派得利，咱們親俄派會不會被清洗啊！於是克里米亞議會趕緊「邀請」俄羅斯出兵干預。大喊著：「俄羅斯快來保護我們啊！」這樣的盛情難卻，俄羅斯高興都來不及了，立即出兵打得烏克蘭人仰馬翻。而克里米亞議會眼見機不可失，立刻高喊：「快！快公投脫離烏克蘭！」最終在混亂中以九六%超高得票率宣布「獨立建國」。

這場公投最終不被國際承認，所以現在的克里米亞主權名義上仍是屬於烏克蘭的。但不承認又如何？克里米亞實質上已經由俄羅斯掌控。人家俄羅斯軍隊都駐好駐滿了，烏克蘭主張擁有的主權不過是「有名無實」。烏克蘭南邊就這樣被俄羅斯掐住了脖子，想好好呼吸一番都困難。

連續劇通常演到這裡就會另開支線，要不然歹戲拖棚，大家看久也會膩。於是鏡頭轉到烏克蘭東邊的**頓巴斯區域**（Donbass）。克里米亞二〇一四年宣布獨立後，烏克蘭東部的**頓內次克**（Donetsk）和**盧甘斯克**（Lugansk）等地區也蠢蠢欲動。

就以頓內次克來說，它是烏克蘭第五大城市，也以俄羅斯人占大多數，我們剛剛提到的烏克蘭前總統亞努科維奇便是出身於此，這也難怪他的政治立場較爲親俄。二〇一四年的克里米亞事件大大激勵了頓內次克，該區的親俄示威者也占領了政府大樓，要求成立**「頓內次克人民共和國」**。他們甚至還呼籲俄羅斯派遣「維和部隊」來保護他們，這一看就知道走的是克里米亞議會的劇本，只是頓內次克跑得慢，沒能跟上克里米亞的腳步。最終在二〇一四年和二〇一五年間，由西方國家出面協調，阻止了當時頓巴斯區域的分離，頓內次克繼續待在他們不願待的烏克蘭領土內。

烏克蘭像是體內流著兩種互斥的血液，在同一塊土地上流淌，卻又生成抗體，互不相讓，這便是國與國之間最顯而易見的地緣政治實例。邊界永遠是虛無縹緲的，輕易跨過一小步都要引來軒然大波。更糟的是，地緣政治不是只有兩造雙方你我談好就好。相愛沒有那麼容易，每個鄰居都有他的脾氣。地緣政治可以是一整個

圖 4　俄羅斯、烏克蘭、克里米亞、盧甘斯克與頓內次克位置圖

區域、甚至是跨洲的全球角力。這很容易理解，隔壁兩個國家打打鬧鬧，後頭幾個鄰居都不免俗地要來指指點點，怕他們吵到社區安寧。說穿了，**俄羅斯要打烏克蘭，除了爲烏克蘭境內的親俄居民找回家的路，更大的考量其實是避免北約東擴**。

等一下，北約又是什麼？我們提到地緣政治，就不能不提到**區域協防組織**。區域協防，顧名思義就是**爲了某一地區的安全所設立**，小至某一區域三五國的合作，大至橫跨大西洋的東西聯防。而國際間目前最大的區域協防組織，應該非北約（NATO）莫屬。北約的全名是**北大西洋公約組織**，它出生於一九四九年，當時是美國、英國、法國爲了對抗蘇聯而特別成立的區域協防組織，和蘇聯組的「華沙公約組織」是死對頭。也因爲成員國橫跨了整個大西洋，所以就以北大西洋爲名。

像這類的協防組織若要新增成員國，大部分都會以創始國爲圓心，向外擴張。例如北約原先最東邊只到德國，蘇聯垮臺後，德國東邊的捷克、波蘭、斯洛伐克，以及東北邊的波羅的海三國皆陸續成爲獨立國家，並於冷戰後加入北約，此一系列進程就稱爲「北約東擴」。

東擴會怎麼樣？東擴就會惹俄羅斯生氣啊。北約有一條章程說，只要有人攻擊北約其中一個成員國，就視爲攻擊「整個北約」，所有人都可以立刻參戰。這怎麼行，別忘了我們前面提到的頓巴斯區域啊。現在頓巴斯還在烏克蘭名下，俄羅斯如果想要強取頓巴斯，會不會招來北約眾人的飛彈呢？唉呀先別擔心，目前還沒這困擾，因爲**烏克蘭至今仍未加入北約**。

「烏克蘭至今仍未加入北約」，就是此次俄羅斯大軍壓境的前言。如同電影開場前緩緩浮現的黑底白字，帶出整齣電影的故事起點。俄羅斯早在演習之前就寄出兩封信，一封給美國，一封給北約。給美國那封寫著：

「親愛的美國，我們都應該要爲國際和平和安全盡一分心力，所以我寫這封信給你。做爲我們雙方和平的基礎，你必須承諾，北約絕不會納入前蘇聯加盟國。而且你美國也不會在前蘇聯加盟國（非北約成員）上建立軍事基地，或是跟他們發展任何軍事合作。另外，你我都不能在『可能威脅其中一方安全』的地區部署武裝力量。」

給北約的那封寫著：

「親愛的北約，你們必須承諾不會進一步擴大組織，尤其絕對不會讓烏克蘭和其他國家加入北約。而且，你們也不會在烏克蘭、東歐、南高加索和中亞其他國家進行軍事活動。」

你以為信封裡裝的是喜帖，沒想到是封恐嚇信。俄羅斯的目的再明白不過了，他不希望烏克蘭加入北約。不管烏克蘭和北約有多兩情相悅，只要俄羅斯存在的一天，西方國家的軍事力量都不能進入烏克蘭，帶給俄羅斯威脅。所以為什麼俄羅斯要作勢侵犯烏克蘭？因為他要讓北約成員國知道，我俄羅斯不是好惹的，你不准再勾引烏克蘭。

這下可好，北約和歐盟頭殼揖咧燒（臺語：thâu-khak mooh-leh sio）。對他們而言，烏克蘭這個忙到底幫還是不幫？要幫嗎？為了非成員國和俄羅斯打起來，名義上難以交代。不幫嗎？萬一烏克蘭淪陷了，俄羅斯衝到東歐，到時哭天喊地都來不及。還是乾脆心一橫，讓烏克蘭加入北約？那更慘，直接給了俄羅斯開戰的藉口，變成自證預言了。所以俄羅斯的軍隊大搖大擺來來去去，各國也只能口頭警告，頂多派幾架飛機和幾千名士兵到波蘭或保加利亞守著，沒人能保證俄烏開戰時自己一定義不容辭，挺烏克蘭到底。

俄羅斯算是地緣政治的一方霸主，我們僅僅是介紹了鄰國方位這一項，就已經將整個歐洲乃至於北美的國家都牽扯進來了。而你也可以感受到，俄羅斯對遙遠的南美洲或非洲就沒那麼有宰制力，外交策略可說是乏善可陳。這就是地緣政治中鄰國位置的重要性。烏克蘭再怎麼抗拒，俄羅斯就是在旁邊虎視眈眈。同樣的，今天就算日本百般不願意，乃至於哭天喊地，那個捉摸不定的北韓就是躺在他旁邊，使得日本在規畫國防策略時，不能不將北韓的核武威脅納入全盤考量。

臺灣自己也是，我們被稱做第一島鏈核心，就是因為我們擋在中國和太平洋中間，成了美國當時阻擋共產勢力外擴的第一道防線。跟俄烏歷史相比，臺灣和中國的主權爭議更是有過之而無不及。所以我們在看待國際新聞時，最先要了解的是當事國位在哪個區域、隔壁有誰，和鄰居的感情和不和睦、誰是他最大的貿易夥伴等，才能建構出一個完整的故事線，解釋當事國的各項決策。

地理環境：衣索比亞蓋個水壩，怎麼埃及和蘇丹就生氣了？

每個國家都有屬於自己「受到地緣政治」影響的歷史片段。甚至可以用我們這世代的電腦術語來形容：地緣政治是構成國家命運的主機板。主機板本身或許不是影響一個國家發展的關鍵，插在上頭的CPU和顯示卡才是（可以換成「民族性」或「政權穩定度」）；但整部電腦的發展方向卻取決於主機板的設計。它的插槽有幾個？最高支援多少容量的記憶體？供電穩定度如何？若原本的設計已是錯綜複雜，日後再插上的線路恐怕會變得盤根錯節，難以理線。這就是地緣政治的重要性：**存在本身即是設定**。

論設定，最先看到的肯定是**地理環境**。我們說的地理環境或氣候，包含地勢、山脈、湖泊、海域。你是在一個四面環海的島國，還是被沙漠覆蓋的內陸國？你的國家大部分是高山，還是擁有一大片地勢低窪的平原？這些就是你的出廠設定。地球幫你把設計圖都畫好了，你只需妥善運用手上工具，就能在預設好的土地上綻放精采。

但是，凡事都有個但是，這張設計圖不是只有你一個國家使用，裡頭有許多元件不得不與他人共享。例如一座喜馬拉雅山脈就橫跨尼泊爾、中國、印度、巴基斯坦、不丹；一條多瑙河甚至流經德國、奧地利、斯洛伐克、匈牙利、克羅埃西亞、塞爾維亞、羅馬尼亞、保加利亞、摩爾多瓦和烏克蘭等十個歐洲國家。臺灣相當熟悉的南海，更成爲東南亞各國和中國的海上擂臺。各國都說擁有南海諸島經濟海域，最後誰也不讓誰，民兵船和驅逐艦不時在海上比誰的水柱更大尾。到底誰擁有了河流的掌控權？誰又有權利占據山頭？國與國之間的交錯遂成爲國際新聞上常見的衝突來源。

我們一直很少講非洲，在這一節我倒是有個很貼切的例子可講，那就是**衣索比亞的復興大壩**（The Grand Ethiopian Renaissance Dam）。衣索比亞位在非洲之角[1]內陸區，它的北邊有一條彎彎的河，叫藍尼羅河（Blue Nile）。藍尼羅河發源於衣索比亞高原，往下流到蘇丹後匯入尼羅河當中。所以你可以說，藍尼羅河是尼羅河的其中一條源頭（另一條是再往南的白尼羅河）。藍尼羅河除了給予尼羅河豐沛水源，更重要的是它支應了這條河大部分的沉積物；也就是說，尼羅河的養分有很大一部分都是從衣索比亞這一端流過去的。尼羅河一路經過蘇丹，接著再往北走到了埃及，最後形成尼羅河三角洲，注入地中海。所以，衣索比亞可以說是掌握了蘇丹和埃及的重要水源。

好了，重點來了。衣索比亞從二〇一一年就一直想要在藍尼羅河上蓋一座超級無敵大壩，也就是我們剛剛說的復興大壩。這座大壩蓋好之後，將會是非洲最大、世界第七大的水力發電站；另外，大壩蓄水而成的水庫預計能有近六百億立方公尺的容量。哇，這可囂張了。以後衣索比亞不僅不用擔心缺水斷電，更可以一躍而升

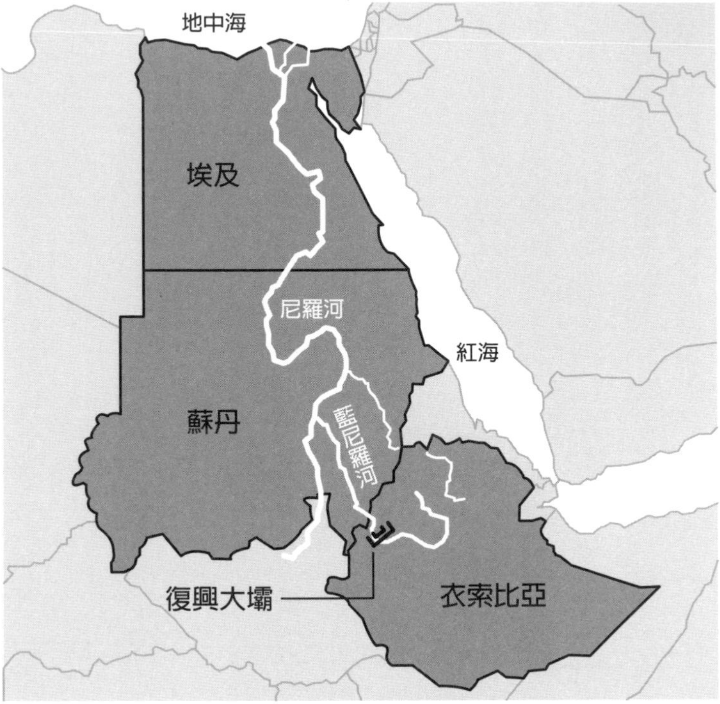
地中海
埃及
尼羅河
紅海
蘇丹
藍尼羅河
復興大壩
衣索比亞

圖 5　復興大壩位置圖

成爲電力輸出國，幫助其他非洲鄉親父老，多棒啊！

如果這麼皆大歡喜，這故事還需要講下去嗎？衣索比亞在上游蓋了座大壩，攔截水源蓄水，倒楣的會是誰？當然是下游的蘇丹和埃及。蘇丹其實還好，偶爾念念衣索比亞，但也還不到抗議的程度，甚至到後期還轉爲支持衣索比亞。埃及就不一樣了，位於下游的埃及超級無敵依賴尼羅河，農民和一億人口都需要尼羅河供應淡水。所以他們一直反對衣索比亞興建大壩，說這樣會造成整個埃及的生存威脅。他們最擔心的是乾旱時期，如果衣索比亞把水都蓄在大壩裡，埃及將會面臨無水之苦，其實想一想是眞的滿嚴重的。

於是在二〇一五年，這三個國家的領導人進行了一次具有象徵性意義的會面。這次的會面三方簽定了一份《原則宣言》（*2015 Declaration of Principles*）。宣言指出，這三個國家將合作執行國際專家小組的建議，針對大壩的蓄水和運營準則達成協議。然而，這份《原則宣言》只是一個框架協議，裡頭內容還有待討論；只是規範衣索比亞不能對埃及和蘇丹造成重大傷害，而且還要承諾當傷害構成時，將會怎麼賠償。

但在二〇一五年這場會面之後，三國又回到了僵持不下的局面。除了埃及還是由賽西（Sisi）領導外，另外兩國都換了領導人，蘇丹更是推翻了原本的獨裁者巴席爾（Omar al-Bashir），現在改由過渡政府領導。

賽西自己也沒多高枕無憂，二〇一九年，國內也爆發一場「打垮暴君賽西」的抗議運動，差點踢到鐵板。而衣索比亞就在這兩國的混亂當中，默默把大壩蓋好了！這衣索比亞可真是厲害，惦惦吃三碗公半，鴨子划水總也划到了終點線前。到了二〇二〇年五月，埃及終於受不了，由外交部長寫信給聯合國安理會，說你們再不管管衣索比亞，我會做出什麼可怕的事情連我自己都不曉得！

二〇二〇年七月十五日，埃及在桌上丟出一疊衛星照片。從照片上看來，復興大壩已經開始蓄水了。這下埃及怒了，叫你停工你不停工，還偷偷開始給我蓄水，到底有多叛逆？於是衣索比亞趕緊放下身段，叫埃及冷靜，大家一起坐下來好好談，有話慢慢說。最後三方的確坐下來談了，但都談不出個所以然。過程中，衣索比亞北邊又發生內戰「提格雷戰爭」，總理阿比·阿曼德（Abiy Ahmed）急急忙忙調兵遣將，一急之下就把這件事拋在腦後。

一直到二〇二二年，大家才又想起這件事，埃及呼籲衣索比亞平定提格雷內戰後，趕緊回到談判桌上，三方盡快把這件事敲定，避免夜長夢多。

復興大壩幾乎是東非最重要的外交議題，牽扯著埃及、蘇丹和衣索比亞的理智線，誰要是一不冷靜，整個非洲都能感受到震盪，連美國都要飛來調停。像這樣的例子不是只有非洲發生。中國也打算在西藏地區的雅魯藏布江蓋一座超級大壩，此舉一樣惹得下游的印度極度不爽。場面難看到印度甚至用「武器化」來形容中國的水壩計畫，抱怨中國把自然資源當做對抗印度的武器，破壞區域平衡。像這樣的跨國河流共享，到底如何取得平衡點，就是地緣政治最佳實例。

北極圈：沒人沒國家，爲何是兵家必爭之地？

在地理環境上，另一個舉的例子就更遙遠了，那就是北極圈的主權。北極圈的定義有很多種，通常指北極圈（北緯六十六度三十四分）以北地區。另外也有人以「北極原住民活動範圍」，或以「八個北極圈國家的北方領土」爲定義。北極圈主權並沒有像《南極條約》（*The Antarctic Treaty*）②一樣的明確規範，僅有一套一九二〇年的《斯瓦巴條約》（*The Svalbard Treaty*）③勉強沾得上邊，但也只是說誰可以在該地逗留，並未畫分北極圈的主權歸屬。另外還有一個北極理事會（Arctic Council），但也僅是維繫北極圈脆弱的生態系統、原住民保障等軟性規範。

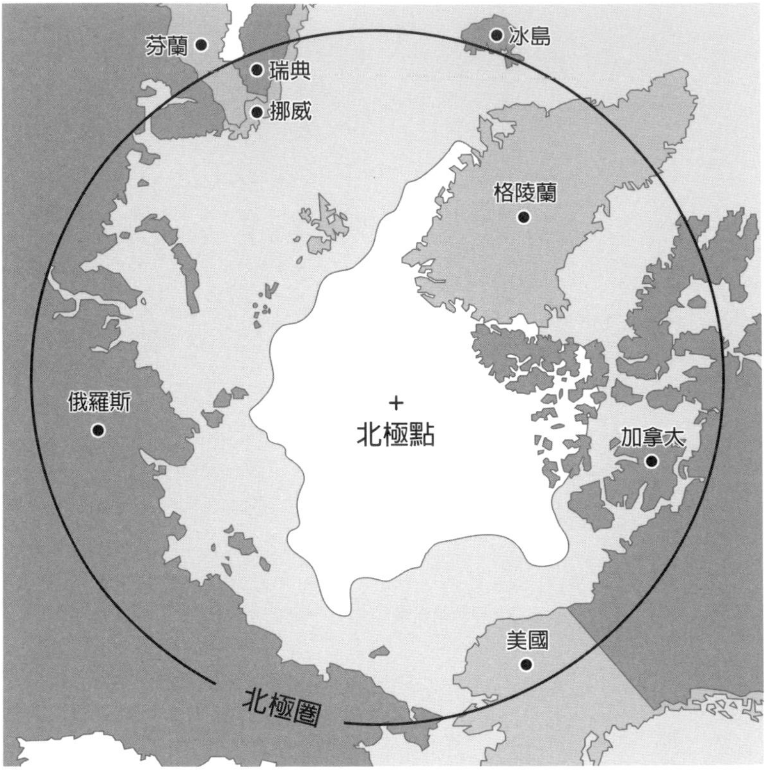

圖 6　北極圈八國

傳統上常見的「北極圈八國」包含加拿大、美國、丹麥④、芬蘭、冰島、挪威、瑞典和俄羅斯。但中國也在二〇一八年提出「極地絲綢之路」計畫，主動在北極圈插旗。另一個活躍玩家則是俄羅斯，甚至在北極建了一個新基地。

爲什麼要特別介紹北極圈？大家心中的北極，不就是一些很瘦的北極熊，遍地冰山嗎？印象中都沒有人居住，只有電影裡研究團隊會待在那，然後都會發生很危險的事，湯姆·克魯斯會去救他們。北極難道不是這樣一塊不毛之地、沒有利用價值的存在嗎？爲何會成爲各國拚命插旗的地方呢？

說是爭搶自然資源倒還嫌小鼻子小眼睛。北極雖有天然氣、石油、大量金屬礦及漁業資源，但這在各國眼裡不過就是雞毛蒜皮，小家子氣。大國眞正在意的是「北極航道」。以前，如果要從日本運送貨物到英國，船隻要一路繞到印度洋，通過埃及的蘇伊士運河，最後行經地中海，才能抵達大不列顛。但現在地球暖化了，北極的冰層漸漸融化，船隻可通行的天數變得更長，不用再像過往一樣要等到夏季才能通過。如此一來，原本走南邊蘇伊士運河路線的運輸船就能夠改往北走北極航道，這可是要比原本的路線長度短個四〇%啊。不但省時，還可以避開東非的海盜攻擊區域，安全又省力，大家都歡喜。

既然北極航道如此重要，大家當然是搶先占地爲王啊。所以我們一開始才會先提到北極圈八國，畢竟他們可是第一群有資格在北極圈插旗的國家。但中國卻不甘心不放手，亞洲的一方之霸怎能讓俄羅斯和美國獨享北極圈？可是中國就是和北極八竿子打不著啊，左看右看都不和北極相鄰，難不成去北極旁邊打造一個人工島嗎？

於是，中國開始跟北極圈國家你儂我儂，看能不能拉攏幾個國家替他說話，搞不好有機會加入北極圈理事會。他最先拉攏的是格陵蘭。格陵蘭其實不算一個正式的國家，他的主權隸屬於丹麥底下，只是列爲自治區，所以擁有自己的總理。二〇一七年，時任格陵蘭總理飛到北京，邀請中國國有銀行去格陵蘭建設商用機場。這對中國來說可是大好機會，蓋座機場有什麼難的，萬一格陵蘭還不出錢那正好，我就把機場收回己有，順理成章成爲「在北極圈有機場的國家」，甚至拿來做軍事用途都是有可能的。算盤打得完整，格陵蘭的機場建設計畫就被納入中國的「冰上絲綢之路」，另外還規畫一系列鐵路、管線和發電廠，規模相當龐大。

中國的野心美國不是不知道，美國國防部還把醜話統統講出來，說中國的格陵蘭機場建設計畫根本就是在布局軍事立足點，早就盤算著要控制格陵蘭的跑道，直接對美國和加拿大造成威脅。而這也打亂了美國和丹麥原本的計畫。格陵蘭在找上中國之前，原先是想跟主權國丹麥借錢的，但遭丹麥拒絕。結果現在中國拿著錢在格陵蘭面前晃啊晃的，美國才趕緊回頭跟丹麥說，我們一起幫助格陵蘭好不好，不要讓他成爲中國在北極的突破口。終於，在二〇一九年，中國企業退出機場的投標案，美國和丹麥成功守住。

無論是一條蜿蜒的河流，還是廣闊無邊的航道，一個國家的地理環境總有其價值所在。這個價值可能會影響鄰國對你的態度，就連遙遠的國家也會有求於你。你的所在位置就是最佳地緣政治籌碼，那是別的國家花再多錢也買不來的。

自然資源：你家有哪些值錢的東西？

我們講了鄰國，也解釋地理環境的重要性，大概把主機板上的線路圖都介紹過一遍了，接下來就來看看地緣政治的最後一個籌碼：自然資源。今天你這個國家一出廠，原始設定是熱帶雨林，還是石油大國？你擁有廣大良田，還是稀有金屬？每個國家都有値錢的資產，也有需要他國幫助的地方。尤其是在國際貿易越來越興盛的二十一世紀，沒有任何一個國家可以自給自足。以前封建時代可能可以，只要你家可以種田、伐木、養殖，大可不必與他人貿易。但現在科技商品愈發精密，一支手機裡頭有銅、金、錫，還有你幾乎沒聽過的鋰、鈷、鎳、鎢。得繃緊神經了，這些稀有金屬可不是每個國家都有。想要成爲電池大國？你家的鋰夠不夠？想要自己從頭到尾產出一輛電動汽車？上述這些稀有金屬你有幾種？你可以不跟比利時買啤酒，可以不跟保加利亞買玫瑰精油，但科技產品的構成已經複雜到沒有任何一個國家可以從無到有。這就是一些小國家重生的契機，但同時也是痛苦的緣起。

幾內亞政變了，怎麼緊張的是中國？

二〇二一年九月五日，西非國家幾內亞首都總統府槍聲大作，街頭出現荷槍實彈的士兵運輸車和裝甲車，不說還以爲是黑道火併了。接著，社群媒體上開始傳送一段影片，第一個畫面是一名身披幾內亞國旗的軍人坐在中間，旁邊圍著一群全副武裝的士兵們。

這名軍人叫 Mamady Doumbouya，爲求好記，我們姑且叫他「媽媽迪」。他是幾內亞的上校，也就是發動政變的主要推手。媽媽迪在電視裡說，幾內亞總統孔戴（Alpha Condé）長年貪汙腐敗，這個國家已經深受其害，接下來我們不會再把政治託付給一個人，而是要託付給幾內亞人民。接著第二段影片畫風一轉，來到被推翻的總統孔戴家中。孔戴身穿花襯衫，一臉不甘願地坐在長椅上，身旁圍繞著幾個荷槍實彈的士兵。士兵拿著槍指著他，要他聲明自己沒有遭到毆打。但孔戴一臉不爽，一句話都沒說。

當然不爽，肯定不爽。換做是我被政變，難不成我還要梳妝打扮得漂漂亮亮嗎？但孔戴的臉也不用這麼臭，因為這場政變可是其來有自，而且恐怕大多是來自他自己的問題。我們先回頭講一下幾內亞這幾年的政權轉移，讓大家感受一下幾內亞的民主發展得如何。

幾內亞共和國是在一九五八年建國的，到現在六十多年了，卻只換過四個總統。第一任總統艾哈邁德（Ahmed Sékou Touré）做了二十六年，風格專制獨裁，還崇尚列寧思想，使得幾內亞在前幾年成為好戰的社會主義國家。終於到一九八四年，有個人看不下去了，發動政變，推翻艾哈邁德。這個人也叫孔戴（Lansana Conté），我們就叫他老孔戴吧。老孔戴政變成功後，成為幾內亞第二任總統，接著也是一做就二十四年。

媽呀，幾內亞總統這工作也太辛苦了吧，統統都要做二十年以上是嗎（重點錯誤）。而且老孔戴的劇情跟第一任一樣，也是前幾年執政得不錯，到後來就整組壞了了。二〇〇六年，老孔戴領導的幾內亞被評為全世界第二腐敗的國家。二〇〇八年，老孔戴病逝。依照幾內亞《憲法》，本來等著要舉辦新的總統大選，結果又一個軍人跑出來，宣布政府已解散，軍隊正式掌管幾內亞。傻眼，怎麼又一場政變！從一九五八年到二〇〇八年，幾內亞歷經三任總統，前兩任靠政變上位，最新一任則是軍方政變後重新民選上位，簡直非洲蔡依林，看我七十二政變。

而一開始提到被政變臉很臭的小孔戴，則是軍隊接管幾內亞兩年後，依照承諾舉辦總統大選、由人民投票選出來的第一任民選總統。只是他一樣沒辦法解決幾內亞貪汙腐敗的問題。而且他在第二任任期結束前硬是修改《憲法》，不僅讓他可以再當選第三任，之前的任期還統統歸零！這做法簡直過於粗糙，遂引發二〇二一年的政變。意外的是，政變發生後，幾內亞人民看起來倒是挺開心的。大家都覺得小孔戴那麼老了，都八十三歲了，還是趕快退休吧。

等等，敏迪你不是要說明自然資源的重要性嗎？為什麼一直在講幾內亞的政變？不要急，重點要來了。幾內亞發生政變時，全球鋁價瞬間上漲，突破十年新高。這是為什麼？幾內亞政變怎麼就跟鋁有關了呢？更奇怪的是，政變發生當下，中國罕見地表示「反對政變奪權」，要軍方立即釋放孔戴。欸這是怎麼回事？中國的口頭禪不是「我們不干涉他國內政」嗎？怎麼這次會改變態度，太陽是不是要從西邊出來了？

太陽沒有要從西邊出來，但鋁土礦的確是從幾內亞挖出來的。幾內亞有個很響亮的名號：**全球最主要鋁土礦生產國！**是的，全世界就兩個國家能大量生產鋁土礦，一個是澳洲，一個就是幾內亞，兩者產量不相上下。鋁土礦是提煉氧化鋁的原料，氧化鋁則用來生產原鋁。簡單來說，你必須要有鋁土礦，才有辦法產出最常見的鋁，用在各式商品上。那全世界最大的鋁生產國是誰？中國。那中國的鋁土礦都跟誰買呢？哇你好聰明，就是幾內亞呢！中國有一半的鋁土礦都是跟幾內亞買的，也占了幾內亞出口總額很大的比例。也就是說，**中國不能沒有幾內亞，幾內亞也很需要中國這位大買家**。

所以當政變發生時，中國嚇壞了。過去中國很少對其他國家的內政發表言論，這次倒是立刻由外交部出來大聲疾呼，說嚴正譴責政變。而且不只是鋁土供應不穩造成中國心慌，幾內亞也是中國「一帶一路」的重點發展國家啊！中國在幾內亞蓋了一座大壩，中國企業也在幾內亞境內投資鐵礦生產。所以當幾內亞政治動盪不安時，也就是中國心慌慌之際。

還沒結束。幾內亞政變，中國在遙遠的海外緊張，有個國家倒是在旁邊蹺腳捻鬍鬚等著看好戲，是誰呢？唉呀，不就是澳洲嗎？澳洲和中國的不合已經行之有年，從二〇一八年澳洲總理莫里森（Scott Morrison）上任後展開親美外交路線開始，中澳關係就從漸行漸遠變成針鋒相對。他們在二〇一九年正式展開激烈的貿易戰，例如中國禁止進口澳洲龍蝦、對澳洲葡萄酒課徵高達二〇〇％的天價關稅；澳洲則在外交政治上回擊，例如禁止中國企業華為參與澳洲的5G招標、不斷在國際場合上提及中國的敏感帶，從香港到新疆再到臺灣，舉凡會讓中國起雞皮疙瘩的地方一律摸爆。一路走到二〇二一年，中澳關係已經像我之前自己在家做的焦糖餅乾，很難看了。

這下可好，幾內亞政局不穩，中國少了一個鋁土礦進口來源，等於喪失了鋁的生產力，那可是一大塊經濟來源啊。而且國內的鋁工廠總不能擺著生灰塵吧。一個巨大的矛盾降臨：到底要不要拉下臉來跟澳洲多進口一些鋁土礦呢？人家常說經濟歸經濟，政治歸政治，說得好聽，可現在已經是**政治影響經濟，經濟牽動政治**。如果你是中國鋁工廠老闆，你會把國族主義擺在前面，寧可自己停工不賺錢也不讓澳洲賺你分毫，還是榮辱擺兩邊，利益在中間呢？

俄羅斯被制裁了，美國要不要和委內瑞拉和好呢？

這章一開始，我們提到俄羅斯和烏克蘭的歷史，這裡延續俄烏衝突的議題，看看另一個「自然資源」影響政治偏好的例子。

二〇二二年二月二十四日，俄羅斯入侵烏克蘭，全球譁然。爲了避免引發更大規模衝突，北約和歐盟沒有立刻派兵進駐烏克蘭。那太危險了，萬一普丁一個惱羞，誤判情勢，到時候變成歐洲大戰可就不好了。於是西方國家大多使用兩種方法幫助烏克蘭。第一是迂迴地**提供烏克蘭防禦性武器**，看是從波蘭送過去還是直接寄到烏克蘭當地，只要幫得到烏克蘭，說什麼也要送進去。歐盟甚至破天荒買武器送給非成員國：「歷史上首次，歐盟將提供資金購買武器和其他裝備，並將它們運送至一個正在被攻擊的國家。」歐盟執委會主席馮德萊恩（Ursula Gertrud von der Leyen）這樣說。

第二招看似隔靴搔癢，卻莫名有效，那就是**全面經濟制裁**。這裡我們要先釐清一個事實，那就是制裁給予的傷害並非一步到位。戰爭開打之初，西方國家的制裁眞是聊勝於無，大多就是凍結俄羅斯高層在各國的資產，或是頒布旅遊禁令。未免太雞肋了吧，這些俄羅斯高官說不定一點都不想去美國旅行，或是早早就脫產了。

歐美眼見制裁無效，俄羅斯軍隊的入侵也不見收手，才開始加重制裁力道，跟俄羅斯來個魚死網破——說是魚死網破並不爲過，歐美一直不願意提高制裁，正是因爲有些大刀砍下去，除了被砍的人受傷，拿刀的人多少都會沾染血跡，遭到波及。但不管了，既然不能正式干預戰爭，只剩制裁一途了。

短短三週，全球幾大貿易國家或企業都對俄羅斯展開全面性經濟制裁。制裁面向很廣，從貿易到金融，從藝術到運動。最具效力的大概就兩項：第一是將部分俄羅斯銀行踢出「全球銀行金融電信協會」——簡稱「SWIFT」，是一種國際金融訊息交換系統。SWIFT並不管錢，它比較像是全球共用記帳本。因爲各國金錢往來眞的太過頻繁，大家不想把錢搬來搬去，就用SWIFT進行「訊息支付」。像是「我今天支付兩萬元給小明」，雖然這只是一則訊息，但因爲全世界都用SWIFT，所以這則訊息是有實際金融效力的。這就是SWIFT的重要性。所以當世界各國說要一起把俄羅斯的銀行踢出SWIFT，幾乎等於跟這些銀行說，你別想在國際金融市場上運作了，間接封殺了俄羅斯大部分的進出口。

SWIFT是第一把大刀，但眞正讓俄羅斯感覺到痛的，是英美的石油制裁令。當俄羅斯的入侵看來沒有止盡，美國亦不能主動參與戰場上的拚搏，民間的壓力促使拜登政府祭出更嚴厲的制裁——哪怕這一刀下去砍傷的不只是俄羅斯的經濟，影響的更是美國全境全民。二〇二二年三月八日，美國和英國同時宣布，禁止進口俄羅斯能源，包含石油和天然氣。這眞的是一把雙面刃，畢竟美國自己也有八%的石油和石油副產品是從俄羅斯進口。制裁消息一出，美國本土油價立刻上漲，卡車司機加油時都要心痛了。

石油是生活必需品，尤其美國也是石油消費大國，你硬生生把一部分供給拔掉了，當然就得想辦法從別的國家補。但要從哪裡補呢？一些友好中東國家美國早就買好買滿，伊朗的核協議還沒談成，要美國低聲下氣和伊朗買石油簡直天方夜譚。左看右看，美國總算想起他南方的鄰居——一個感情不太好的老面孔——委內瑞拉。

每次提到石油，聚光燈都在中東國家，人們可能會聊到伊拉克獨裁者薩達姆·海珊入侵科威特，或是美國發動伊拉克戰爭。但你知道嗎，委內瑞拉是全球石油蘊藏量最高的國家，其次才是沙烏地阿拉伯。再講個令人震驚的，我們現在熟悉的石油輸出國組織總共有十四個成員國。但在一九六〇年成立之初，發起國只有五國，委內瑞拉就是其中之一。但委內瑞拉的命運跟其他成員國大不相同。他雖然坐擁油田，但因爲不像沙烏地阿拉伯那樣力求轉型，反倒是過度依賴石油，命懸一線。根據OPEC在二〇一九年調查的數據，委內瑞拉所有出口的商品中，石油占比竟高達九八％。過度依賴的結果，就是其他產業不求上進，逐漸衰敗，就連最基本的農業都無法自給自足。二〇二一年甚至傳出委內瑞拉跟一家墨西哥公司簽約，用數百桶石油換取玉米和水。可以說，這個國家窮到只剩下石油了。

唉呀，一個窮到只剩石油，一個有錢但買不到石油。湊在一起不是剛好？一點都不剛好，因爲美國正在跟委內瑞拉鬧脾氣呢。原來是因爲三年多前，委內瑞拉爆發「兩個總統」之爭。當時委內瑞拉的總統叫馬杜羅（Nicolás Maduro Moros），是個親中、親俄的左派總統。我們剛剛前面所說委內瑞拉的衰敗，大多都是在馬杜羅統治時期發生的，言下之意他並不是個稱職的總統。於是時任議長瓜伊多（Juan Guaidó）突然於二〇一九年一月發動政變，宣布籌組臨時政府，並由他擔任臨時總統。

蹊蹺的是，在瓜伊多發動政變後不到五個小時，美國和加拿大立即宣布承認瓜伊多的臨時政府，並要求馬杜羅下臺。哇，這速度之快的，都讓人不禁起了遐想：難道瓜伊多是跟美國和加拿大串通好的？況且馬杜羅本來就親中反美，美國想要扶持新的右派政府也是可以想見的。而中國、古巴和俄羅斯也不甘示弱，第一時間譴責違法政變，直挺挺地站在馬杜羅身後，和美國大眼瞪小眼。

委內瑞拉的兩個總統之爭後來變成一齣歹戲拖棚。因爲軍隊都還是掌握在馬杜羅手中，挑戰者瓜伊多並非眞的有本錢推翻左派政府。所以到後來，瓜伊多只能流亡於其他南美洲國家，委內瑞拉仍由馬杜羅統治。而美國因爲早早就承認瓜伊多的總統地位，反而騎虎難下（或許也是因爲不想下），只好持續對馬杜羅政權施壓。二〇二〇年三月，美國司法部甚至起訴委內瑞拉總統馬杜羅，指控他犯下毒品恐怖主義。美國國務院還公布懸賞金，高達一千五百萬美元。殊不知過了兩年，馬杜羅的懸賞照片仍高掛在美國國務院牆上。不僅映照出美國對南美洲左翼化的束手無策，也明明白白告訴我們，委內瑞拉和美國的關係，離修復還遠得很。

尷尬了，尷尬了。現在一個缺石油，一個缺錢，明明郎有情妹有意，但先前分手分得太難看，現在該如何破鏡重圓呢？俄烏戰爭爆發後，委內瑞拉第一時間當然還是站在俄羅斯這邊，堅定支持著普丁。但就在各國經濟制裁越演越烈的情況下，委內瑞拉存放在俄羅斯的數億資產恐怕都要石沉大海。這才讓馬杜羅開始思考，是不是要在俄羅斯和中國之外，開啓一個外交新局。

於是就在專家學者不斷追問美國有沒有考慮跟委內瑞拉聯繫時，竟然是馬杜羅先丟出友誼的橄欖枝。他在二〇二二年三月的一場峰會上說：「美國和委內瑞拉的兩面國旗擺在一起，看起來太漂亮了吧！它們本來就應該團結在一起。美國，現在是我們一起共創外交、眞相與和平的時候了。」唉唷唉唷，這個復合的告白也太甜言蜜語，可見馬杜羅現在正需要美國這位大客戶；畢竟原本的靠山俄羅斯現在也是自顧不暇。覆巢之下無完卵，馬杜羅不能只靠俄羅斯吃穿，得趕緊找到新的盟友才行。

馬杜羅當然不只是出一張嘴，他甚至釋放了兩名被監禁的美國公民，也說願意在墨西哥跟反對派來一場和平和氣的對談。這些種種，讓美國開始重新審視這段尷尬的感情。分手的原因都還在，瓜伊多仍是美國承認的總統，馬杜羅的懸賞金也還是高到嚇人的一千五百萬美元。但馬杜羅的友善已攤在陽光下供大家檢視，這時候，大家拿著麥克風回頭質問美國：「那你呢？」美國的確是開始考慮了。或許場面真的可以不必那麼難看；或許真的可以在縫隙中找到一些外交空間，讓美國不再受到高油價所苦，也爲委內瑞拉人民帶來經濟活水。

不管最後美國和委內瑞拉是分還是合，我已經向你示範自然資源對國際政治的巨大影響力。即便像美國如此富裕的強國，在戰爭的非常時期也得生出道德的彈性，將過往堅持的價值觀暫時放到第二順位。或許不是每個產油國都大富大貴，相對的，像日本這樣的能源淨進口國也不見得沒有生存空間。但自然資源肯定是地緣政治的一個要角，也是你閱讀國際新聞時很重要的解讀指南針。

①「非洲之角」位於非洲東北部，因形狀如同犀角而得名。包括了索馬利亞、厄利垂亞、衣索比亞、吉布地等國，廣義上則還包括了肯亞與蘇丹。

②主要內容包括：南極洲僅用於和平目的，促進在該地區進行科學考察的自由與國際合作，禁止進行一切具有軍事性質的活動及核爆炸和處理放射物，並凍結目前領土所有權的主張。

③該條約將位於北極圈內的斯瓦巴群島主權歸給挪威，但四十六個簽約國的公民都可免簽進出該地，也能在此居住與開發自然資源。只要不違法，基本上可享受和挪威公民同樣的權利。

④格陵蘭是丹麥王國框架內的自治國。

第4章

信仰之爭：問題不在宗教本身，是有心人

我曾在 Part 1 許下承諾，要向你解釋伊斯蘭教的派別情仇，以及中東國家的權力分布，現在我要來兌現這個承諾了。

臺灣人對伊斯蘭教的認識實在是太少了，少到我們彷彿只透過萬花筒的細小孔洞，還以爲觀察了整個中東世界，殊不知看出去的琳琅滿目都只是固定的幾個碎片在重新排列。我自己也認識不多，我甚至認爲自己是個無神論者，一切命運靠自己努力；即便心裡有了徬徨，也不依賴任何神祇之手。但這並不阻礙我對眾多宗教產生好奇。

正因爲我認識太少，所以想知道更多。我不會在深度理解之前妄下判斷，定論

哪一個宗教肯定是善，哪個宗教又引人作惡。這也是讀國際新聞的一項重要心法，當你決定討厭或批判某一人事物時，你是否已經竭盡所能觀其全貌？還是只聽信片面之言，在心裡刻畫出你想像的丘陵，便說這就是眼前所見最高山峰？

對於伊斯蘭教，我並不刻意著墨在其教義或儀式上。對我而言，最重要的是解答兩個問題：**爲什麼會有恐怖組織**，以及**爲何分做伊朗和沙烏地阿拉伯兩大陣營**。這兩個問題縈繞在日常的國際新聞條目裡，你隨便點開一篇半島新聞網的報導，九〇%都與之相關：時而是什葉派和遜尼派的反目，時而是極端教義組織和政府的對抗。伊斯蘭教決定了中東樣貌，在我們觸碰所謂的代理人戰爭、以阿衝突和恐怖主義之前，先試著認識這些名詞的起源吧。但我希望你放心。認識伊斯蘭教，並不是爲了成爲穆斯林，而是在中東的驚濤駭浪中看見潮汐的規律。最終我們一起藉由深度理解，抹去人們對伊斯蘭教的刻板印象。因爲一直以來，問題都不在信仰本身，而是濫用信仰蒙蔽人心的有心人。

都是源自穆罕默德？

我曾經跟一個人聊俄烏戰爭，他不小心脫口而出：「普丁眞的像瘋子一樣欸，說開戰就開戰。像那個回教①的穆罕默德一樣。」這是典型的伊斯蘭教誤會，而且這不是唯一一次。知名歌手黃明志和臺灣團體玖壹壹合作，於二〇一六年推出一首新歌〈大顯神威〉，請來三位演員分別飾演佛祖、上帝和阿拉。而阿拉那個角色竟然拿著槍作勢掃射，引發全球穆斯林不滿，甚至有網路鄉民揚言對臺灣進行恐攻（出演這首歌的馬來西亞歌手黃明志亦被馬來西亞政府②警告「汙辱宗教」，一回國就會被逮捕）。

穆斯林在氣什麼？首先，伊斯蘭教的神「阿拉」是不能被具象化的。任何描繪阿拉或先知的行爲都嚴格禁止，更何況MV裡那位「阿拉」還做出一些拿槍、抽菸等負面印象的舉動。講到這裡，已經開始有人感到混淆。阿拉是誰？穆罕默德嗎？先知又是誰？先搞懂這幾個名詞，我們才能繼續往下探討什葉派和遜尼派的差別。

伊斯蘭教信奉的神叫「阿拉」（Allah, الله）③，大家又稱祂「眞主」。但阿拉出現的時間其實比伊斯蘭教本身還要早，祂是個被帶到麥加的敘利亞神祇④，跟眾多神像一起供奉在麥加的聖殿裡。那時候的社會並不堅持一神論，而是走一種「單一主神信仰」。什麼叫單一主神信仰？就像是今天我信奉觀世音菩薩爲主神，但同時間也不否認有玄天上帝和瑤池金母的存在。像這樣信奉多位神祇的觀念，是當時的集體意識，也可以算是主流。當時甚至有信徒認爲，阿拉和猶太人信奉的耶和華是同一位神，只是教義不同罷了。

而這是在什麼時期呢？大約西元六世紀左右。出乎我們意料的是，那時候的猶太人和阿拉伯人並不敵視彼此，甚至會在必要時團結起來。一切以部族（tribe）的存續爲優先考量。

接著穆罕默德登場了。是的，穆罕默德並不是「阿拉」，這是我們要釐清的第一件事。根據穆斯林傳統說法，穆罕默德大概誕生於西元五七〇年，出身名望不錯但權勢不高的哈希姆（Hashim）家族。當時的穆罕默德只能算是個老百姓，對於掌管麥加的神聖部族「古萊須」（Quraysh）⑤而言無足輕重。

古萊須人可厲害了。他們掌管麥加聖城，每到朝覲的季節，就有來自各地的信徒湧進麥加，不僅帶來大量貿易，也讓古萊須人大賺稅金。講到這裡，是不是覺得跟臺灣大型廟宇活動有點類似呢？其實概念是一樣的。就像早期的臺灣，你只要掌握當地的信仰中心，就等於掌握了地方勢力，後代要經商還是從政都不成問題。古萊須人藉由掌控麥加聖殿，成爲無法撼動的龐大部族。直到有一天，穆罕默德這位路人甲，打破了古萊須人的統治。

穆罕默德本來也只是個普通人，有點聰明，但人生稱不上順遂；直到有一天，他走到一個山洞冥想，突然一道光打到他頭上。這道光跟他說，你將會得到創造主的旨意，並宣讀給相信眞主的人。穆罕默德一臉驚慌地回到家中，跟妻子哈蒂嘉（Khadijah）說他聽到了奇怪的聲音。哈蒂嘉相信這是眞主的旨意，認爲穆罕默德必須開始傳道。就這樣，穆罕默德成了「先知」，戰戰兢兢地向麥加信徒們傳達眞主的旨意，並開始累積第一批伊斯蘭教信徒，也就是我們現在說的穆斯林。從這時開始，信徒稱他爲「眞主的使者」。

穆罕默德創立的伊斯蘭教和古萊須人的宗教很不一樣。穆罕默德說，這世界上只有一位神，就是眞主阿拉，但古萊須人掌管的麥加卡巴（Ka'ba）裡頭有三百多位神祇，怎能接受一神論呢？於是古萊須人開始迫害穆罕默德與他爲數不多的信眾們，試圖將他們趕離麥加，讓靡靡之音離聖城越遠越好。

古萊須人越是打壓，穆罕默德的信徒就越多。他是如此虔誠，他所描述的伊斯蘭社群（又稱爲「溫瑪」〔Ummah〕）⑥聽起來又是如此美好。回頭看看古萊須人統治的麥加，簡直糟透了！前來貿易的人數不斷增加，秩序也愈發混亂。你要知道，這樣一個「國際貿易中心」並沒有設立絕對最高權威，所以每當有衝突發生，只能仰賴部族裡德高望重的長老主持公道（他們稱爲「謝赫」〔Sheikh〕）。那謝赫都怎麼主持公道呢？在那個沒有嚴格法律，也沒有判例法的年代，謝赫只能用「道德標準」來判斷這人犯了什麼錯，然後用「同等報復法」對待之，也就是我們常說的「以牙還牙，以眼還眼」。再加上貿易稅金陡增，富人利益勾結，社會陷入貧富不均。

這樣一個名爲信仰聖地，實則被利益綁架的部族，難道人們沒有更好的去處嗎？於是在西元六二二年，穆罕默德帶著他的追隨者們離開了麥加，抵達距離麥加大約三百多公里遠的**麥地那**，在那裡重新打造眞主要他建立的伊斯蘭社會，開啓伊斯蘭曆元年。

我們有必要跟大家介紹穆罕默德在麥地那建立的社群，那會讓你徹底對伊斯蘭教改觀。穆罕默德和數百名追隨者抵達麥地那時，他先是調停了當地兩大部族間的糾紛，終結了麥地那的紛擾。接著他頒布一份《麥地那憲章》（*Constitution of Medina*），確認了穆斯林和其他族群之間能夠和平相處，互信互助，包含原本就居住在當地的猶太人——是的，穆罕默德的伊斯蘭教雖然是一神論，但他卻不阻止他人信奉其他宗教，也不逼人成爲穆斯林。

這份《麥地那憲章》就是穆罕默德跟猶太教部族共同簽訂的和平協議。這和我們現在看到的「伊斯蘭教極端主義分子」動不動就綁架整間學校並逼迫其成爲穆斯林，有著巨大的差別。

這份憲章的內容更是出乎意料的良善且包容。在麥地那的他們雖然延續麥加的「同等報復法」，但是穆罕默德也同時勸信徒寬恕：「誰願恕饒而且和解，眞主必報酬誰。」（《古蘭經》第四二章四〇節）⑦另外，以前的以眼還眼可不是等價的，一個貴族的雙眼可能價值三個奴隸的三雙眼。但在麥地那，窮人揍了富人一拳，富人一樣只能回揍一拳，公公平平，不偏不倚。

另外，穆罕默德首創一個很酷炫的制度，叫「天課」（Zakat）：說白一點，就是香油錢兼繳稅。穆罕默德以信仰的名義向信徒強制徵收稅金（而且還是對應每個人的財力，這很新穎），再把這些錢重新分配給社群裡最貧困的一群人，包含孤兒、貧民、乞丐和奴隸。

相信應該有些人會問，那女性權益呢？現代伊斯蘭教國家當中，女權是出了名的糟糕，又以塔利班統治的阿富汗最惡名昭彰。那一千四百多年前的女權，在穆罕默德的社群裡又是什麼樣貌呢？必須承認，麥地那社群在婚姻制度上仍然非常傳統，允許一夫多妻制，但穆罕默德倒是有些創新。他捨棄了原本在麥加所建立的婚姻法和繼承法，讓女性擁有離婚的決定權，離婚之後財產也不會被男性全盤奪走；也有一說是因爲當時部族之間血戰頻傳，必須仰賴一夫多妻，才有辦法讓社群擁有源源不絕的人口，免於滅絕。無論如何，穆罕默德在麥地那的確已經大破大立，推翻麥加許多不合理的部族傳統，扎扎實實地建立眞主要他打造的伊斯蘭社會。

講到這裡你一定會納悶，如果伊斯蘭社會眞的是這麼美好大同，那怎麼會跟我們現在看到的伊斯蘭教國家差這麼多？會不會是《古蘭經》唬爛啊？還是根本就沒有這個人？一千四百多年前的歷史有參考價値嗎？會不會都只是道聽塗說？難不成這個宗教的本質在這千年之間有了巨大轉換，以至於我們現在看見的伊斯蘭教，跟穆罕默德接受到眞主的旨意，已經是截然不同的東西？

答案是，卻也不是。我們的確可以相信，穆罕默德最一開始傳達的旨意一定是良善的。畢竟當時他在麥加沒權沒勢，工作也是仰仗有錢老婆的事業。若不是提出令人信服的眞理，又如何吸引這麼多信眾和他一起舉家遷徙到麥地那？而且他在麥地那的確建立了一個穩固的伊斯蘭社會，信徒日漸增加。若穆罕默德提倡的是殘殺同儕、欺壓女性、打擊弱小的教義，伊斯蘭教就不至於在接下來的一千年成爲全球最重要的宗教之一。

那到底是什麼緣故，讓我們眼前所見的伊斯蘭教幾乎與殺戮畫上等號？又是爲什麼，連伊斯蘭教本身都要分裂成什葉派和遜尼派，派別之間互相敵視，催生出蔓延全球的恐怖組織？

一切都要從穆罕默德過世之後說起。

西元六三〇年，穆罕默德成功帶領麥地那的追隨者攻回麥加，並將麥加聖殿裡的諸神像摔碎，但據說他留下了耶穌和聖母瑪利亞的雕像或壁畫，至此終結了多神信仰，建立嶄新的信仰權力中心——「伊斯蘭教」。收復麥加後，穆罕默德也沒有忘記麥地那。他將麥加和麥地那串連起來，建構出前所未有的龐大伊斯蘭社會，自己則以「鑰匙的守護者」謙虛自居，沒有稱王的意願。但這個「謙虛」可沒帶來好結果，反倒成爲日後分裂的種子。攻回麥加兩年後，穆罕默德身體狀況急遽下滑，最終在西元六三二年辭世，留下錯愕無主的信徒們。

穆罕默德過世後，追隨者們急於找出下一個能夠傳遞眞主旨意的使者。但這繼承者是誰呢？有沒有人曾經受穆罕默德欽點，當著眾人的面說「他就是我的繼承者」呢？不幸的是，並沒有這樣的事情發生。穆罕默德從未正式提過任何與繼承者有關的話語。或許他根本不知道自己會早逝，或許他還在等眞主傳旨；又或者有一可能，是穆罕默德曾經對某個人提過，但那個人最後被巨大的權利所誘惑（抑或是施壓），掩埋了使者的話語。無論眞相是哪一個，都不重要了。沒了穆罕默德的伊斯蘭世界，終將迎來巨大的分裂。

什葉派和遜尼派

如果說，上面這一大段關於穆罕默德的描述，有任何人提出與我相反的意見，也是合情合理的；而這正是伊斯蘭教在穆罕默德逝世後分裂成不同派別的最大原因。伊斯蘭教有兩部很重要的經典，一部是《古蘭經》，一部是《聖訓》（*Hadith*）。注意，千萬別把這兩部經典搞錯了。穆斯林相信，《古蘭經》是眞主的啓示，由眞主直接傳遞給穆罕默德；而《聖訓》則是穆罕默德對《古蘭經》的詮釋。

有點複雜？你就想，《古蘭經》是眞主自己的話，是奇蹟，而奇蹟是需要被解釋的，所以穆罕默德就是「眞主補習班」的講師。他把眞主的話經過反思和內省，用自己的行動做最好的身教示範，或用人們易懂的方式講解給信眾聽，後人再把他的言行舉止記錄成冊，這就是《聖訓》。《古蘭經》裡頭寫的是原則，是比較大框架的，不會去明示在哪個年代應該要用什麼律法，這時就會需要《聖訓》來解釋。

那《聖訓》又是怎麼來的呢？是否有章法？還是穆罕默德有開課，固定一個時間就來向大家宣講「聖訓第一堂」「聖訓第二堂」？很可惜，答案是沒有。聖訓的表達和傳遞都是自然而然發生的。可能是穆罕默德直接對某件事發表意見，可能是他執行了某些行動，就被追隨者定義了「這個行動代表某種意義」；也有可能是別人問他問題，他隨口回答，那也可能成爲聖訓。我覺得最模糊不清的一種，是當穆罕默德「不阻止」某人的行爲時，信徒就會擅自解釋爲「默許」，並大聲吶喊：「看！連眞主的使者也同意這個人的做法！」

當《聖訓》建立在如此多元、非正式，且充滿解讀空間的基礎上時，歧異因此而生。如果我們是只討論朝覲的方式，那倒無所謂。例如朝覲時得先洗手，但肥皂到底是要抹到手腕還是手臂呢？《聖訓》就說，都可以啦，有洗就好。但如果今天討論的是財產分配呢？一個富人死去，他的財產是先給配偶還是先給子女？如果子女不是阿拉伯傳統承認的繼承人呢？光這一點，不同派別就有不同的解釋方式。又如果今天討論的是女性權益呢？女性到底能不能上學？女性能否出門工作，養家餬口？

當我們爭辯的議題關係到個人生存權益，《聖訓》的寬廣解讀空間反倒成爲有心者的文字戰場，每位聖訓學家堅持自己聽見的穆罕默德言論才是眞相，其他人的版本都是道聽塗說；就連我們剛剛提到的麥地那也成爲爭辯題材來源。有人說，你看，穆罕默德當時崇尚政教分離，和猶太人部族相處融洽。卻也有人說，不不不，當時在麥地那是政教合一，穆罕默德只是不想硬逼猶太人改信伊斯蘭教而已。到底誰說的才是對的？誰才是最了解先知思想的人？不管了。穆罕默德說過的和沒說過的話，早就被各家學者編進他們心中最正宗的《聖訓》裡，開枝散葉，百家爭鳴。

但百家爭鳴是好事嗎？在伊斯蘭世界裡，《古蘭經》就是社會的法律，而《聖訓》就是法律的解釋。如此一來，百家爭鳴顯然就不是件多麼「澎湃」的好事。尤其當這件事關係到「誰才是繼承者」時，更是在各方人馬之中鑿出一大塊裂縫。

穆罕默德死後，伊斯蘭的領袖認定從那一刻開始分爲兩大派。第一派人說，繼承者必須是先知家族之人，要跟先知流著相同的血脈，才能領導伊斯蘭世界，職稱爲「哈里發」（Caliph，意即繼承者或代理人）。但是另一派人認爲，不行不行，這樣搞得像世襲，會讓宗教神學和政治權威混在一起，無法有效統治伊斯蘭世界。只要是品德兼優、具領導能力的人，就算不出生於先知家族，也有權成爲哈里發。

當大家還在爭辯著繼承者的資格時，第一場繼承會議就在一片混亂下完成。

當時被「先知血脈派」認可最夠格擔任哈里發的人，是穆罕默德的堂弟兼女婿——阿里（'Ali）。但是繼承者會議召開的當下，阿里正在洗淨先知的遺體，沒時間參加。結果大家就跟阿里說，我們已經選好繼承者了，接下來你和先知的遺孀子女們全都要效忠於他。

聽起來很像鄉土劇八點檔對吧？事實上這還只是第一章，接下來的劇情更灑狗血。在繼承者會議之後，主張「有能力便能領導」的這個派別逐漸掌握伊斯蘭世界的話語權，哈里發一個傳承一個，每次都沒有阿里的份。不過也必須老實說，這幾位哈里發裡，的確有能幹之人。例如第二任繼承者伍瑪爾（'Umar），長得高高帥帥，能力傑出、充滿活力。不僅如此，他還是名強大的戰士，一年內就攻下大馬士革，解放了被拜占庭人壓迫的敘利亞猶太人社群。這樣的哈里發不僅能讓內部穩定發展，更能拓展領土，將伊斯蘭教傳到更遠的他方，難道不是各個民族夢寐以求的領導人嗎？不管是不是出自先知的家族，只要能將伊斯蘭教發揚光大，使之成爲強大的群體，抵禦外來者侵犯，不就是最優秀的人選嗎？

事情有這麼簡單就好了。有些哈里發很棒，但同時也有能力差勁之人。不僅沒把部族管理好，更愛惹事生非，時不時就鬧部族鬥爭。所以主張有先知血統的那一派時常感到壓迫，也從未眞心效忠這些哈里發。而這一群人，就是我們現在熟知的

「什葉派」，又稱爲阿里黨，主張最一開始就應該要讓阿里當上繼承者，而不是那些奇奇怪怪的外人。回頭看伍瑪爾所屬的派別，就是「遜尼派」，意即「遵循聖訓者」，嚴格遵守《古蘭經》和穆罕默德《聖訓》，但不強調先知血統的重要性。

這裡我們有必要釐清一個觀念，那就是伊斯蘭教的派別不是只有什葉派和遜尼派。實際上應該要拆成兩個不同的維度，交織成一個四象限的分類。剛剛提的是血統，你把它當做橫軸：最右邊是什葉派，只有擁有先知血脈之人可以領導伊斯蘭世界，最左邊則爲遜尼派。另外一個維度就比較抽象了，我姑且稱爲「世俗程度」。

「世俗」是什麼意思？不是我們現在說的那種俗氣、膚淺，「啊我就很世俗」喔。在政治意涵上，世俗主義代表著「政治不受宗教干預」。大部分的國家在第二次世界大戰後就走向世俗主義，認爲國家的發展不可以被宗教把持，要不然很可能會陷入「聖戰」的狂熱狀態。例如美國、法國、英國、臺灣……幾乎你講得出來的民主國家都是採世俗主義。世俗主義的反面就是「政教合一」，意即由政府決定宗教事宜，又或是更極端點，變成「宗教領袖領導政府」，也稱爲「神權統治」。

所以我們畫出了縱軸，最頂端是神權統治，最底部則是世俗主義。這兩條軸線將伊斯蘭教畫分爲各式各樣的派別。例如什葉派裡頭，有人主張哈里發應該要同時具有神性，又可以統治國家。但也有人認爲就算哈里發是先知的家人，也不一定

伊斯蘭教派	遜尼派	什葉派
全球穆斯林信仰比例	約占 85% 是伊斯蘭最大教派	約占 10 ～ 15% 伊斯蘭第二大教派
主要分布地區	阿拉伯國家、土耳其、 南亞與東南亞	伊拉克、敘利亞、伊朗
對哈里發的主張	有能力者就可以 帶領伊斯蘭	必須和先知穆罕默德 有血緣關係
教義衝突	遵守《古蘭經》 與伊斯蘭法典	伊瑪目的教導與《古蘭 經》同樣具有權威
激進組織代表	伊斯蘭國（IS）、 蓋達組織	哈瑪斯、真主黨

圖 7　遜尼派與什葉派的比較

要把手伸進宗教裡頭，只要管好國家就好。在這些光譜上移動的小點，慢慢成為什葉派和遜尼派裡頭的分支，每一支又都有自己的聖訓學者、自封的哈里發、自己編纂的《古蘭經》。就這樣一分為二、二拆為四，伊斯蘭教誕生出各種派別，有極端的、溫和的、神權的、世俗的。大家腦袋裡的伊斯蘭美好世界都長得不太一樣，進而演變成一場爭奇鬥豔的競技，各自成立自己心中最完美的伊斯蘭教國家。即便信奉的是同一個眞主，但整個伊斯蘭世界已支離破碎。

伊朗之所以成為伊朗

寫到這裡，伊斯蘭教的起源和分家已經說得差不多了，是時候往下一段邁進了。下一段要討論什麼呢？別忘了我們這一章開頭想要解決的問題：找出中東地區伊斯蘭國家們反目成仇的脈絡。有了脈絡，我們才能撥開雲霧，完整看待信仰和國家治理之間的關聯，再往下走才是國與國之間的外交衝突。

我們先聊聊伊朗。

現在我們大概可以很篤定地說出，伊朗是什葉派國家。這個篤定是有其道理的，因爲早在十六世紀，薩法維王朝（The Safavid dynasty）就將什葉派定爲國教，就此奠定了伊朗的什葉派國家定位。爾後在一九七九年伊朗革命後，當時最高領袖何梅尼（Ruhollah Khomeinei）又將什葉派當中的「十二伊瑪目派」設定爲國教，也仍在什葉派的範疇裡。

剛剛提到十二伊瑪目派，這必須好好解釋一下，因爲這跟何梅尼如何將伊朗打造成政教合一的國家息息相關。稍早我們聊到先知穆罕默德的堂弟兼女婿阿里，但什葉派要成爲現在的樣貌，就必須介紹他的次子——胡笙．本．阿里（Husayn ibn ʻAli）。什葉派認爲，只有先知的血脈才能成爲哈里發，所以當阿里的長子哈桑（Hasan ibn ʻAli）過世後，統御穆斯林的責任（至少在什葉派）就落到了次子胡笙身上。胡笙繼承了眾人的期盼，決定挺身而出，對抗當時遜尼派領袖雅季德一世（Yazid I）。

當時胡笙與信眾都住在一個叫庫法（Kufa）的地方，位於現在的伊拉克。當時胡笙以爲庫法的人們都會挺他，但是當遜尼派大軍眞正來到門前時，庫法的支持者卻退縮了，任由胡笙和兩百名追隨者被雅季德的六千大軍包圍。胡笙全軍覆沒，包含他自己。

慘了，又一個穆罕默德的後代沒了！這對什葉派來說簡直是痛擊。當時在庫法的人都在想什麼呢？怎麼可以不衝上前去，誓死保護先知的血脈呢？所以當大家接到胡笙的死訊時，庫法的人痛徹心扉，他們把自己的衣服扯破、把臉塗黑，用極度哀悼的方式懺悔著。即便過了好幾年，像這樣的懺悔者還是持續前往當初胡笙喪命的地方，也就是伊拉克城市卡爾巴拉（Karbala），進行集體哀悼儀式。他們簡直是把胡笙的死視爲自己的罪過，悔恨當初沒有幫助這位先知的血脈，對抗遜尼派的壓迫者。

這就是知名的**卡爾巴拉戰役**（Battle of Karbala）。《伊斯蘭大歷史》一書中寫道，卡爾巴拉戰役將阿里黨從「在意只有先知血脈才能擔任哈里發」的政治派別，上升到全新的宗教概念，也就是我們現在說的**「什葉派」：追隨卡爾巴拉殉道者的腳步，寧願犧牲自己，也要爭取正義、對抗壓迫**。

這又跟我們剛剛提到何梅尼的十二伊瑪目派有什麼關係呢？關係可深了，而且搞懂這件事，便能知道爲何伊朗的最高領袖可以用「宗教」控制一整個國家。

伊瑪目是什麼？在遜尼派裡，伊瑪目只是個在清眞寺帶領禱告的人；但在什葉派的定義裡，伊瑪目可神聖了，只有被眞主欽點的人，才可以稱做伊瑪目。而且世界上的伊瑪目數量是固定的（又極少），也就是說，不可能同一時間存在好幾位伊瑪目。阿里是第一位伊瑪目，他的長子哈桑是第二位，胡笙第三，依此類推（慶幸胡笙的兒子活了下來）。沒想到傳到第七位伊瑪目時，受傳者竟然死了！怪了，伊瑪目不是眞主欽點的嗎？怎麼會還沒傳到他就死了？於是在眾人質疑下，當時的耆老只好說第七伊瑪目沒有死啦，只是隱遁了，總有一天會再以不同的面貌示人的。第六位伊瑪目只好再選了一位繼承者，但此事不免落人話柄。

「隱遁」的概念在第七任伊瑪目時還不普遍，一直傳到第十二位伊瑪目，才眞的塵埃落定。當時遜尼派的王朝越來越壯大，對什葉派的敵意也就更加明目張膽，直接將第十任和第十一任伊瑪目都抓起來關。於是第十二任伊瑪目誕生時，什葉派的長老就決定將他藏起來，不被遜尼派發現，並正式引用「隱遁」的概念，宣稱第十二伊瑪目已經進入隱遁狀態，會在末日來臨時帶著和平正義重返人間。這是西元八百多年的事。

「隱遁」這個想法太創新了，創新到留給後世無限寬廣的解釋空間。任何有影響力的人只要拿起「隱遁」大旗，便能說自己是千年一遇的第十二伊瑪目。這位第十二伊瑪目一下子出現在十五世紀，一下又消失無蹤影。人人都可以宣稱自己是先知的後代，差別只在於說話的人夠不夠分量，有多少人相信他罷了。

終於，到了一九七九年，有個人以什葉派最高階的宗教領袖「阿亞圖拉」

（Ayatollah）的身分站了出來，號召人民推翻當時的末代沙王穆罕默德．李查．巴勒維（Muhammad Reza Pahlavi），建立了現在的**伊朗伊斯蘭共和國**。這場革命就叫**伊朗革命**。領導革命的這個人，就是前面所提到伊朗的開國領袖——**何梅尼**。

何梅尼很年輕就當上伊斯蘭什葉派的法學家，並獲得很高的頭銜，最後成爲「大阿亞圖拉」（最有聲望之人）。他在一九七〇年代抓住人民對巴勒維王朝（The Pahlavi dynasty）不滿的情緒，號召人民上街反對執政者。當時社會的氛圍普遍認爲巴勒維王朝被美國把持，方方面面違背先知穆罕默德，使得伊朗背離伊斯蘭教什葉派的精神。所以必須要將王朝連根拔起，恢復伊朗伊斯蘭國家的本質。而這樣一件神聖的任務，必將由一名位高權重的宗教領袖所領導。這位領袖既然能帶領伊朗恢復什葉派根源，想必是帶著眞主旨意的人，也必能與前幾代伊瑪目們共通。啊！想必他就是那位隱遁一千多年的第十二位伊瑪目吧！

當伊朗人在街頭上喊著「眞主、古蘭經、何梅尼」時，第十二伊瑪目的身分已經三人成虎，大致底定了。何梅尼不承認卻也沒否認，第十二伊瑪目的頭銜太好用了，就像拿到皇帝玉璽，拎在手上就足以讓政敵敬你三分，更別說信徒將會百依百順。何梅尼頂著這股氣勢，建立了他心中理想的「伊斯蘭共和國」，一個以十二伊瑪目派爲國教的伊斯蘭教國家，並規定國家必須要遵行法基赫（Faqih，法學家）的監護，意即必須由法學家掌管這個國家。那誰是最高階的法基赫呢？當然就是大阿亞圖拉，何梅尼本人。

一切都說得通了。我們開頭說伊朗是個什葉派國家，不只是因爲他們將什葉派列爲國教，更是因爲何梅尼在開國之初，就將國家的行政和法律全都擠入什葉派的價值框架下，就連國家領袖也必須是什葉派最高位階的法學家。**什葉派不只是這個國家的宗教，什葉派就是這個國家的一切**。

爲什麼我們要花這麼多時間解釋伊斯蘭教的起源？因爲當代許多重大事件和國家，就是由這些歷史脈絡逐漸建構而成。就拿一九八〇年的兩伊戰爭來說吧。當時先動手的**伊拉克獨裁者海珊就是遜尼派的**，看著隔壁鄰居伊朗冒出何梅尼這號人物，掛著什葉派大旗鼓動民眾，海珊眼裡就是容不下，進而主動出擊。而對何梅尼來說，他也想要解放伊拉克裡頭的什葉派信徒們，如同他帶領伊朗人民推翻專制的巴勒維王朝。再加上伊拉克其實是什葉派的起家厝，我們說的庫法和卡爾巴拉戰役統統都發生在伊拉克。對何梅尼來說，反攻伊拉克不僅可以提早除去海珊這個後患，更是彰顯什葉派的核心價值：追隨卡爾巴拉殉道者的腳步，犧牲自己，爭取正義，對抗壓迫。

若用宗教發展脈絡來看中東局勢，很多事情立刻就想通了。這就是爲什麼臺灣人很難體會爲什麼伊斯蘭教會有聖戰士或自殺炸彈客，不懂怎麼會有人願意爲宗教送命。原因其實很簡單，**因爲這個國家的基底就是宗教，而這個信仰本身就是以殉道來贖罪**。當整個國家的基礎建立在宗教學說上時，你生活的方方面面自然脫離不了宗教。這不僅發生在什葉派，占全球穆斯林人宗的遜尼派也不遑多讓。

我們也該來介紹一下以沙烏地阿拉伯爲首的遜尼派國家。他們不僅與宗教密不可分，更摻雜了石油、王朝等複雜因子。講完遜尼派，我們更要深入探討中東地區的代理人戰爭，以及從這些派別中變異出來、不受任何派別控制的火爆分子：**武裝／恐怖組織**。

信仰及王朝

在阿里之子胡笙死於卡爾巴拉後，什葉派進入一段隱遁的黑暗期。同一時期的遜尼派則完全相反，迎來絕對的擴張及壯大。這裡必須要提到第五代哈里發，也就是雅季德一世的老爸穆阿維亞（Mu'awiyah，西元六六一～六八〇在位）。我們不是說，遜尼派的領袖是誰能領導就選誰嗎？這聽起來跟血脈毫無關係對吧？但**穆阿維亞改變了這件事**。當時穆阿維亞到處攻城掠地，在如此強盛的氣焰下，他主動打破遜尼派傳賢不傳子的選舉制，指定他的兒子雅季德（西元六四七～六八三）爲下一任哈里發，自此確立了第一個由家族世襲所建立、伊斯蘭式政教合一的哈里發國，稱爲**「伍麥亞王朝」**（The Umayyad dynasty）。

遜尼派在伍麥亞王朝期間四處征戰。疆域最廣闊之時，東至中亞和印度半島，最西邊甚至來到現在西班牙所在的伊比利半島，以及現今北非一帶。在蒙古帝國興起之前，沒有一個帝國的疆域比伍麥亞王朝還大。

我們都學過歷史，知道快速擴張的下場就是快速崩解，伍麥亞王朝不到一百年就式微了，換成什葉派的阿拔斯王朝（The Abbasid dynasty）崛起。阿拔斯王朝撐得比較久，一掌權就是五百年（西元七五〇～一二五八）。但老王朝不敵西邊來的十字軍、東邊來的塞爾柱突厥人（Seljuqs），以及更東邊來的蒙古人，一波又一波襲擊，打得阿拉伯帝國分崩離析，各地萌生一個個大大小小的王朝，有法提瑪王朝、伊德里斯王朝、哈姆丹尼王朝、薩曼王朝、布維西王朝、加茲尼王朝……多到我都寫不完。直到鄂圖曼土耳其帝國於十六世紀壯大，並把哈里發頭銜搶了過來，自此成爲全世界穆斯林（遜尼派）的領袖。

放心，這些名字你都不用記，因爲這與我們接下來要講的內容不太有關。你只要知道，阿拉伯世界從第五代哈里發穆阿維亞以降，統統都是以帝國爲主體，已經偏離遜尼派最初那個由酋長指定賢能之人的選舉制了。而且這些帝國一個比一個具侵略性，無一不想將帝國領土拓展到天涯盡頭，將眞主的旨意傳達到宇宙穹蒼。

攤開現在的伊斯蘭教派別組成，目前全球穆斯林約有二十億人，當中以遜尼派爲大宗，大約占八五%到九○%，而以伊朗爲首的什葉派僅占一○%到一五%。這樣的差距與我們剛剛提到的遜尼派王朝史有很大的關係，正是因爲這些遜尼派帝國到處攻城掠地，將遜尼派的種子灑在被征服者身上，才能不斷擴張遜尼派版圖。

再往下深究全球穆斯林分布狀況，這些信徒廣泛分布於中東、中亞、西亞、南亞、東南亞及部分非洲國家，這樣的範圍也正好與歷屆帝國的疆域高度重合。所以可以說，**伊斯蘭教的傳播仰賴帝國的東征西討，而帝國又從伊斯蘭教中取得統治正當性**，掌管遼闊且具有多元文化的領地，更透過宗教凝聚民心。宗教與政權相互利用，這是什葉派和遜尼派，乃至於其他宗教都有的現象，時至今日仍是如此。

爲什麼這很重要？因爲直到現在，「王國」在中東還是一個極度重要的角色。目前中東總共有七個國家採行君主制，包含沙烏地阿拉伯、卡達、約旦、阿曼、科威特、巴林，以及有點特殊的阿拉伯聯合大公國。這些國家都有自己的君主，且跟英國、日本的虛位元首不同，他們大多掌握部分或全部實權。無獨有偶的，他們大多以遜尼派爲主，就算是像巴林這樣什葉遜尼各占一半人口的國家，也是由遜尼派的家族統治。了解這一點，將有助於我們進一步認識這些君主制穆斯林國家的統治現況。

沙烏地和瓦哈布

這裡我們要先介紹沙烏地阿拉伯的起源。阿拉伯半島是全世界最大的半島，其中又分爲靠西岸的「漢志」（Hijaz），以及內陸的「內志」（Najd）。漢志境內擁有我們稍早提過的兩大聖地——麥加和麥地那，每年皆有大量穆斯林前來朝聖，帶來源源不絕的貿易和稅收，自然是諸王朝不肯放手的熱門區域。也因此，數百年來漢志都由哈里發直接統治，一代傳一代，一個王朝換過另一個王朝。同一時間，內志地區因爲離聖地偏遠，又因爲是沙漠地形，看過去遍地荒涼，一直以來都乏人問津，無論是哪個王朝，也都只交由小小部族去管理。帝國王者眼中只有紅海和地中海的藍色誘惑，似乎朝著西邊征服才叫有見地。往西邊走一方面可以報十字軍東征的仇，一方面又能吸收西方日漸蛻變的藝術、文化和科技，怎麼想都比經營東邊來得有賺頭。

這時候，有個小小的部落趁機崛起了，那就是現在統治沙烏地阿拉伯的**紹德家族**（The House of Saud）⑧。紹德家族的開國者伊本—紹德（Muhammad bin Saud Al Muqrin，~西元一七六五）原本只掌管內志裡一個小小的綠洲城鎮。他一心想讓部族壯大，讓家族過上風光的好日子。但當時鄂圖曼帝國太強大了，在鄂圖曼的威壓之下，紹德家族的勢力根本進不了漢志區域，單靠部族在內志經營的小小綠洲，絕對不可能達成統一半島的夢想。就在他左思右想左顧右盼了好幾年，他的希望降臨了：那是一個名叫**瓦哈布**（Muhammad ibn Abd al-Wahhab，西元一七〇三~一七六六）的男子。

如果你研究過沙烏地阿拉伯的宗教組成，應該對這個名字不陌生。是的，現在沙烏地阿拉伯的國教正是**伊斯蘭教瓦哈布教派**。喔喔喔，兩個名字是不是接起來了？先別急，我們繼續把故事說完，等等我們還會再連上一個更不得了的名字。

瓦哈布抵達紹德家族的綠洲時，不過是個憤世嫉俗的小人物——我這裡用「憤世嫉俗」形容，是以「那時期的穆斯林」角度出發。為什麼這麼說呢？你回憶一下，伊斯蘭教最一開始是穆罕默德在麥地那創造的純淨社群，後來在人爲爭執之下撕裂成什葉派、遜尼派，以及無數個與當地傳統文化結合的小派別們。派別分裂的過程中，不是血戰就是征服，《古蘭經》也被詮釋成截然不同的樣貌。

經過了風風雨雨的這一千年，伊斯蘭教已經和先知打造的原始模樣相去甚遠。說好聽一點是與時俱進，但對一些堅持傳統的基本教義派來說，可是大逆不道，法理不容。於是便有一批人站出來捶胸頓足，吶喊著眞主的名，要將伊斯蘭教恢復成西元七世紀時穆罕默德建造的模樣。哪怕只有一丁點出入，這批基本教義派都要趕盡殺絕，讓不守規矩者人頭落地。

瓦哈布正是這樣的信徒。他痛恨創新，看見伊斯蘭教在帝國的征戰後逐漸與各地文化融合，誕生出花團錦簇的新伊斯蘭文化，對他來說簡直是汙辱先知。意識到坐而罵不如起而行，瓦哈布便創立了「瓦哈布派」（Wahhabi），聚集許多與他一樣無法忍受現況的狂熱者們，積極在各地宣揚教派，打架鬧事。

瓦哈布派是眞的很派（臺語：凶）。他們對傳統教義的要求是極其嚴格的，如果有任何人不認同他們，尤其是遜尼派以外的穆斯林，瓦哈布派都會趕盡殺絕（瓦哈布派是遜尼派的一支）。有句話說：「不絕對服從，就是絕對不服從。」瓦哈布派對異端思想者便是這樣的態度。唯有百分之百服從他們詮釋的伊斯蘭教，才有辦法和他們和平共處，否則他們將會對你處以最嚴厲的懲罰：處死。

照理來說，這樣的「暴戾之氣」應該像瘟神一樣，走到哪都被討厭吧？誰會歡迎一個動不動就喊打喊殺的宗教群體呢？原本是這樣沒錯。瓦哈布和他一小群信眾在各地被驅趕，沒人願意和他們打交道，甚至避之唯恐不及。直到他們有一天抵達了伊本－紹德的綠洲城鎮，終於遇上願意欣賞他們的人，雙方一見如故。

沒人知道伊本在想什麼，只能從結果論來看，伊本展開雙臂歡迎瓦哈布和信眾們。伊本對他們說，這座綠洲不只是紹德家族的，也將是瓦哈布派的容身之處。瓦哈布太感動了，總算遇到知音，人間處處有溫情。瓦哈布用堅定的眼神對伊本說，如果你願意和我站在一起，打擊那些對先知穆罕默德不忠的人，你放心，我一定會讓你成爲穆斯林社群的領導者，而我也將成爲宗教事務領袖⑨。或許是瓦哈布信眾的暴力讓伊本認爲民氣可用，若能擁有這批狂熱者的支持，他統一半島的宏願說不定會逼近成眞。基於我們不太清楚的理由，伊本答應了瓦哈布的要求，紹德家族成爲瓦哈布派的忠誠支持者，任由瓦哈布派肅清半島內的異教徒。

再一次，信仰和王朝在內志的綠洲找到彼此，若是正向發展，我們尚可稱爲惺惺相惜，但眼前此景已將劇情走向告訴我們，兩百多年後，這對佳偶將在某一時刻分道揚鑣，一方的確成爲阿拉伯半島的霸主，但國內人權狀況日益惡化；另一方的發展更爲聳動，持續追求最純粹教義的修道之路沒有終點，一路向極端走去，催生出二十一世紀全球最頭痛的組織：**蓋達組織**和**伊斯蘭國**（Islamic State, IS）。

誰掌握勝地，誰就爲王

紹德家族一路傳承到第六代的阿布杜—阿濟茲（Abdulaziz bin Abdul Rahman Al Saud，西元一八八〇～一九五三），總算等到鄂圖曼土耳其帝國衰敗，阿布杜—阿濟茲一舉搶回兩大聖地麥加和麥地那，就此統一漢志和內志區域，建立了我們現在見到的**沙烏地阿拉伯王國**。

阿布杜—阿濟茲理所當然成爲第一任國王，而幫助他打天下的瓦哈布派也得償所望，被阿布杜—阿濟茲定爲國教，自此沙烏地阿拉伯全體國民進入一種清苦的信仰生活，所有異端思想和活動統統被禁止，女性不能單獨出門，男性不能欣賞外國音樂和電影。在瓦哈布派的管控下，只有回到西元六二二年的穆罕默德時代，才叫做眞正的伊斯蘭教。其他那些異教思想都是靡靡之音，必須趕盡殺絕。誰要是不信

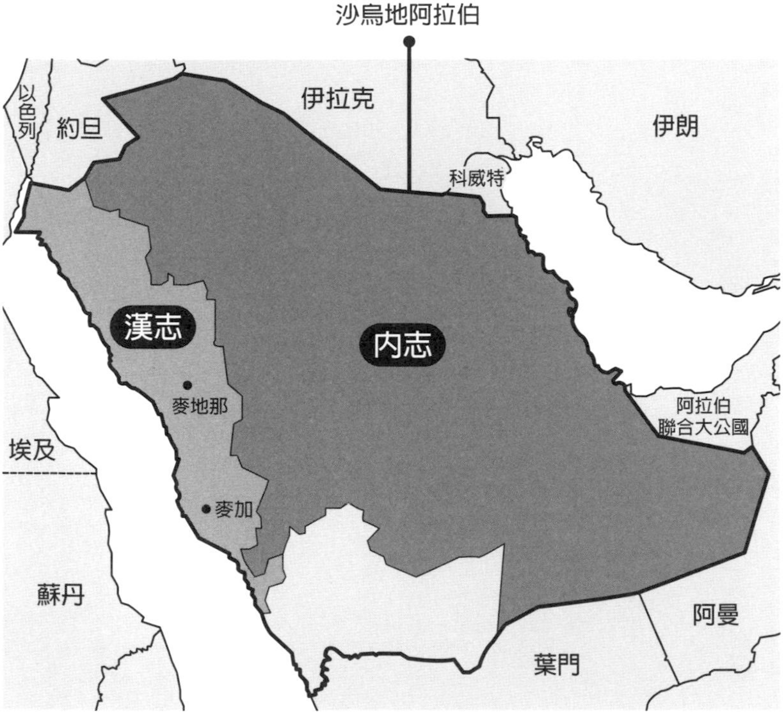

圖 7　漢志、內志與今日沙烏地阿拉伯相關位置

貞主，瓦哈布派就會發動聖戰，直到征服爲止。

要怎麼形容沙烏地阿拉伯的保守民風呢？我一直都很喜歡舉這個例子：你知道沙烏地阿拉伯的婦女直到二〇一八年才被國家允許考駕照嗎？而且就算考到駕照，也不代表婦女可以隨心自在地在外頭開車，大部分婦女外出時，還是要由丈夫或父親陪同，否則將會被視爲不貞潔的婦女。當然，你現在在沙烏地阿拉伯看到的女性權益並不長這樣子了，但這是經過長時間的爭取才有的成果。

阿布杜—阿濟茲統治的紹德王室很能掌握民意。穆阿維亞曾說過一句話：「我在自己和人民之間放一條毛線。如果他們那一頭拉，我這一頭就放；如果他們那頭放，我這一頭就拉。」這句話用來描述紹德王室的統治方法再適合不過了。紹德王室用宗教牢牢箝制沙烏地人民，但當人民要求更多權利時，王室也懂得在一些微不足道的地方略施小惠，卻又在更重要的人權項目上抓緊不放。**紹德王室以瓦哈布教義爲繩，讓嚴格教義和人權互相拔河，自己則扮演看似公正的裁判長。**

這樣說來，在紹德王室心中，瓦哈布教義其實也只是一種力量，幫助王室有效控制半島上的人民。但就像英雄電影一樣，超能力被善用可以做好事，但若走偏了過激了，演變成失控的力量，將會反噬能力擁有者的根基，使其墮落，或陷入矛盾的自我分裂。紹德王室也差點陷入這樣的危機，不過沙烏地阿拉伯國運很好，阿布杜—阿濟茲開國沒多久，這片荒蕪的沙漠竟然挖到新世紀的黃金——石油，自此全國再也不愁吃穿。

就這樣，紹德王室左手掌握宗教力量箝制人心，右手攬動源源不絕的石油，換取另一種思想的控制武器。錢和思想都有了，民心的服從還遠嗎？於是紹德王室開始將宗教的主導權收回手中。他們表面上一樣敬重瓦哈布派，也一樣持續資助義憤填膺的聖戰士們在外幫王室剷除異己，但兩者在沙烏地阿拉伯的統治權已經不是平起平坐，也早就同床異夢。

王室爲了拉攏人心所做的一些退讓（例如讓女性可以考駕照）看在瓦哈布派眼中是背叛，是崇洋媚外；更別提沙烏地阿拉伯竟跑去跟美國當朋友？美國是民主國家，民主是眾人決定社會之事，這跟先知穆罕默德在麥地那的社群統治方法大相逕庭，沙烏地阿拉伯豈能和這樣的異教徒爲盟？當瓦哈布派對王室發出諸多批評的同時，王室也越來越受不了瓦哈布派日益激進的作爲。王室要的是社會的穩定，人民感到安全，王室的統治才能穩固，但聖戰士到處發動聖戰可不是什麼長治久安之道。原本是宗教和政權互相需要，現在一方獲得權力了，另一方便不入他的眼，共同打天下的兩端漸行漸遠。

現在的紹德王室可有底氣了，碰巧挖到的石油讓王國獲得暫時的穩定，雖知道石油遲早會枯竭，但至少在眼下，沒有什麼絆腳石會阻礙王室的專制。在紹德王室的統治之下，沙烏地阿拉伯的財富分配非常畸形。首都利雅德（Riyadh）摩天高樓林立，生活水準比大多已開發國家還優渥；但若把目光放向光鮮亮麗的上流社會之外，放眼望去則盡是貧窮的中低階級。沙烏地阿拉伯有四成的人年收入不到八百五十美元，比許多東南亞國家還低。但紹德王室說，大家不用擔心，王室會供大家讀書，給大家免費醫療（但品質很差），生活基本開銷如水電汽油統統都由王室包了。

當王室用錢收買了全國人民的向心力，自然也就不再需要基本教義派的逞凶鬥狠。基本教義派知道這種狀況，對紹德王室的背離也早就了然於心，只是耐心地把握國家的腐敗，將失去希望的社會棄子們納入旗下。這樣的人可多了，紹德王室雖然眞的做到了餵養人民的承諾，但也只是給予最最基本的生存費用而已，連生活都稱不上。這讓許多對人生感到絕望的沙烏地阿拉伯青年們心生怨懟，終日抱著憤怒入眠。這樣的人越多，離悲劇開幕的日子就越近。

二〇〇一年九月十一日，兩架飛機撞上紐約雙子星大樓，列爲近代史上最觸目驚心的恐怖攻擊事件。經過調查，這起事件是由**蓋達組織**所爲，而蓋達組職的頭頭賓．拉登，便是出生於沙烏地阿拉伯首都利雅德，另外當時被控發動九一一事件的十九人當中，就有十五人是沙烏地阿拉伯籍。無論紹德王室如何反駁，都無法掩蓋恐怖組織源於沙烏地阿拉伯的事實。沙烏地養出來的聖戰士們，不但成為沙烏地阿拉伯的隱患，更成為全世界的夢魘。

令人聞風喪膽的伊斯蘭國

賓·拉登原本是利雅德一個富裕家族的孩子，大學時遇到兩位伊斯蘭學者，自此迷上瓦哈布派和聖戰論。他一開始籌組蓋達組織不是為了對抗美國，而是先去伊拉克對抗來犯的蘇聯軍隊。這次派遣也是紹德王室的主意。當時基本教義派已經讓紹德王室略感頭痛了，正愁要把這群逞凶鬥狠之人趕到哪裡，剛好碰上蘇聯要進攻伊拉克，便請瓦哈布派們前去保護在伊拉克的穆斯林。誰也沒想到，這群聖戰士竟然打贏了蘇聯，更有能力回頭威脅沙烏地阿拉伯。

當紹德王室邀請美軍進入伊拉克維穩時，賓·拉登氣急敗壞，理由跟我們先前講的一樣，再怎樣都不能和異教徒結盟。自此種下賓·拉登的仇美種子，才會有後來的九一一事件。而在伊拉克還不只發生這件事：當時眾家軍在伊拉克一見如故，大家把酒言歡，越來越欣賞彼此的勇鬥意志，就這樣催生了比基本教義派奉行的**伊斯蘭主義**更激進的派別——**伊斯蘭聖戰主義**（Jihadism）。

「聖戰主義」聽起來就不太對勁。先前的伊斯蘭主義只是想建立一個嚴格奉行穆罕默德旨意的「國家」，但這個伊斯蘭聖戰主義青出於藍，連「國家」都不在意了，他們想要的是一個跨國界、超脫語言的「伊斯蘭世界」，再也不分伊朗、伊拉克、沙烏地阿拉伯，世界大同，回到西元六二二年穆罕默德的理想社群。這就是二十一世紀令人聞風喪膽的「伊斯蘭國」概念起源。

重新想像一下這個橫空出世的跨國界組織。**源於瓦哈布派**，又變形為更嚴格的超級保守聖戰派；**師承蓋達組織**，但就連賓．拉登都因為伊斯蘭國過於極端、殘忍、野蠻，宣布斷絕關係；**超脫國界**，從西非到中亞，從伊比利半島到印度半島，出征範圍涵蓋整個伊斯蘭世界。原以為九一一事件就是恐怖主義的極致展現，沒想到伊斯蘭國再次突破世人想像，將恐怖主義一口氣推向極端，就連阿富汗的塔利班、敘利亞的眞主黨都恥與為伍，伊斯蘭國自豪地扮演著全世界最大反派。

時序進入到近十年，後面的故事我們就比較熟悉了。中東局勢混亂，先是阿富汗戰爭和伊拉克戰爭；接著在阿拉伯之春後，敘利亞和葉門接連爆發內戰。世界越是動盪，越讓伊斯蘭國有了絕佳的招募舞臺。失去生存動力的年輕穆斯林聽信文宣，沒來由地仇視西方世界，認爲唯有跟著伊斯蘭國到處發動聖戰，自己毫無意義的人生才能綻放一絲光芒，爲先知穆罕默德光復伊斯蘭世界。此時的基本教義派和紹德王室再也沒有瓜葛，雖然都是信奉遜尼瓦哈布派，但基本教義派的演變過於激烈和迅速，再也沒有哪個王國願意並肩同行。回想當時的伊本—紹德和瓦哈布結盟，兩人肯定沒料到，兩百年後伊斯蘭世界會演變成這個樣子。

寫到這裡，我們差不多可以暫停了。你已經曉得伊斯蘭教的起源、什葉派遜尼派的分家、伊朗的神權統治，以及沙烏地阿拉伯和激進組織的關係。讀了這麼多歷史，爲的就是看懂中東現況的三到四成。只有三到四成，是因爲必須再往下深究。例如敘利亞內戰，是由伊朗扶植的什葉派阿薩德政府，對抗由沙烏地阿拉伯、美國扶植的遜尼派反政府軍。這種對戰組合在中東很常見，你可以視爲伊朗和沙烏地阿拉伯之間的代理人戰爭。

另外也可再拉出一條支線討論穆斯林兄弟會（Muslim Brotherhood，簡稱「穆兄會」）和軍國主義的對立，埃及就是個明顯的例子，但這些分支我們都不再贅述，避免延伸太多細節無法收束。而且若是談論正義，尙有對錯之分，但講到信仰的派別，就很難定義孰高孰低，再比下去只會淪於意念之爭，也不是本書要探討的內容。

回到這一章的初衷，我希望帶著你認識伊斯蘭教，進而理解在宗教掛帥的政權之下，國家如何統治人民，又爲何催生令人聞風喪膽的恐怖組織。我差不多要完成這項任務的三分之二了，只剩下最後一個主題，討論何謂恐怖組織。

誰是恐怖組織

我們身處臺灣，長期接受西方觀點，若看久了美國媒體，都會對伊朗抱有負面印象。若再加上中東時有所聞的恐怖攻擊事件，不了解箇中脈絡的人恐怕會以偏概全，認爲穆斯林全都充滿暴戾之氣，而伊朗領導的什葉派更是窮凶惡極。但經過上述一整個歷史進程的梳理，才曉得原來大部分我們聽聞過的激進組織，例如蓋達組織、塔利班、哈瑪斯和伊斯蘭國都是遜尼派，部分組織甚至誕生於沙烏地阿拉伯，並非伊朗；而什葉派較知名的武裝組織則是哈瑪斯、眞主黨和胡塞武裝組織。

所以至少我們可以下個結論：**不管是哪個派別，都有恐怖組織**，但他們只是極少數群體，只因爲行事作風駭人聽聞，占據了全球目光，眾人便以爲穆斯林都是留著大鬍子的凶神惡煞。事實是，大部分穆斯林都是遵守教義的，例如不可殺人、不可偷竊、不可姦淫、富者要幫助貧者、強者幫助弱者。當然有些地方的教派隔閡比較嚴重，但也有地方的什葉派和遜尼派穆斯林可以當朋友，甚至是結婚。所以當我們在判斷恐怖分子的時候，千萬要記得把派別、國家和恐怖主義分開來看，不是這個國家是什葉派就很恐怖、那個國家是遜尼派就都是伊斯蘭國聖戰士。

講到這裡，我們必須先拉出來解釋到底何謂**恐怖組織**。每次講到伊斯蘭世界，大多數人的第一反應都是「恐怖分子好可怕」「那裡有很多自殺炸彈客」。但若仔細往下問：到底有哪些組織被認爲是恐怖組織呢？似乎又難以界定了。阿富汗塔利班是恐怖組織嗎？對烏克蘭發動入侵的俄羅斯總統普丁算不算是恐怖分子呢？這個問題也困擾我很久，想了解到底怎樣的作爲才會被列爲是恐怖組織，而被貼上這樣的標籤之後，又會受到什麼樣的制裁。

好加在，這不是一個新的議題。早在一九七三年，聯合國就邀請各方學者專家，試圖探究出「恐怖主義」的定義：

「引起恐慌、恫嚇人民，或迫使政府、國際組織採取或不採取行動爲宗旨，意圖造成死亡或嚴重傷害，均為恐怖主義下的犯罪行為。」

看似很明確，但實際上要根據這樣的定義去為每個組織下標籤，是非常困難的。因為每個組織的存在目的皆不相同，沒人能斷定一個追求獨立、不惜與當權者搏鬥的團體，究竟是「恐怖分子」，還是「自由鬥士」。就拿緬甸來說吧，二〇二一年二月，緬甸軍方突然對翁山蘇姬領導的民主政府發動政變，隨即軟禁翁山蘇姬和總統溫敏（Win Myint），引發全球撻伐。當時幾乎所有緬甸人民都站出來反對軍政府，數萬人遭到逮捕，數千人喪命。民主派陣營趕緊組成臨時政府，團結力抗軍政府，並持續遊說他國政府不要承認軍政府的正當性。

按照聯合國的定義，反抗軍政府的臨時政府該被列為恐怖組織嗎？是不是很難判定？所以目前為止，**全世界對於「誰是恐怖分子」沒有統一說法，各國有自己的標準，而這標準很可能會因為換個執政黨又再次變卦**。所以我們頂多只能說「現在有多少國家判定它是恐怖組織」。目前最多國家認定的恐怖組織就是伊斯蘭國，有超過十八個國家和三個國際組織判定其為恐怖組織，臺灣也包含在內。其次是發起九一一攻擊事件的蓋達組織，初步估計有十六個國家將其貼上恐怖組織的標籤。

所以一切都還是回歸你從哪個角度出發。二〇二一年，塔利班再度掌控阿富汗，難民從美軍軍機上墜落的畫面仍歷歷在目。大量阿富汗人民急著想逃離塔利班統治，這樣的話，塔利班算恐怖組織嗎？答案可能出乎你意料之外，美國並不認定塔利班為恐怖組織，但日本、加拿大、紐西蘭、俄羅斯都覺得它是。

再舉個例子，聯合國和歐盟都不認為黎巴嫩的真主黨是恐怖組織，但美國、以色列、加拿大都覺得它是。另外聽起來很無害的「世界維吾爾青年大會」（World Uyghur Youth Congress）身上也有一張恐怖組織標籤，僅此一張。是誰貼的呢？中國。最後再舉個獨特的例子，美利堅合眾國軍隊，就是我們熟知的美軍，也被伊朗當局列為恐怖組織。這一切看起來挺各說各話的，對吧？

解釋這麼多，並不是為這些造成動亂的激進組織開脫，而是希望我們在評斷國際事件時，盡量從各方角度出發。今天中國說新疆有恐怖分子，那你就要去看中國對於恐怖分子的定義跟你一樣不一樣；同樣的，土耳其說敘利亞庫德族組成的人民保護部隊（YPG）是恐怖組織。但這個YPG同時也和美國合作，打擊敘利亞境內的伊斯蘭國，這就是為什麼美國會善待YPG，有些YPG成員還移民到芬蘭和瑞典，最後當選該國國會議員。在國際新聞的篇章裡，好人壞人難以界定。你心中的壞人可能是曾經幫助過我的好人；攻擊過我的壞人也可能是另一群人的英雄。多一點耐心，仔細尋找背後不同角色和他們所持的論點，充分理解後再下判斷，會讓這個社會的討論更有效率，減少不必要的紛爭。

---

①中國古代稱回族人信仰的宗教爲「回教」，今多數地區已正名爲「伊斯蘭教」，以避免混淆民族與宗教的區別。

②馬來西亞官方宗教爲伊斯蘭教，約六成人口爲穆斯林。

③「Allah الله」字面意義是「the God」（那一位神）。

④關於阿拉的眞實起源至今仍是未定論。麥加聖殿內早已有阿拉神像，但其重要性在當地人的日常信仰中並不突出。《神的演化》一書指出，聖殿中的阿拉，主要崇拜者是來自敘利亞的阿拉伯基督徒，因此可能一開始就是同一位神。

⑤「古萊須」是部族的名稱。部族比較偏向政治實體的概念，成員較多，成員之間未必有血緣關係。一個部族由許多氏族（clan）組成，氏族則更接近家族的概念。穆罕默德所屬的哈希姆家族就是古萊須裡最著名的氏族之一。

⑥「溫瑪」強調精神共同體的概念，只要是穆斯林，都屬於溫瑪，是超越地域國家跟民族的概念。

⑦《古蘭經》馬堅譯本。

⑧在紹德「Saud」後面加上代表形容詞的字尾「i」，就成了大家熟悉的「沙烏地」（Saudi），意思是「紹德的」。

⑨參見《伊斯蘭大歷史》，頁三六〇。

第 5 章

國際新聞的核心：人

在 Part 2 的最後，我想跟你聊聊「人」。

我們前面講了這麼多，提到自然資源、地理環境，乃至於宗教信仰。這整個過程我都省略了一個角色，那就是**具有情感**、**野心**、**偏見**、**立場的「人」**。我們不要忘記，前面講的這些國際情勢發展，統統都必須由「人」來下決定。每項決策可能因為現在主政的執政者個性不同，而有了翻天覆地的發展。

若存在其中一個平行宇宙，在那個宇宙裡是納瓦尼（普丁的最大反對者）贏得二〇一八年俄羅斯大選，那現在可能就不會有俄烏戰爭。若德國在後梅克爾時代選出更積極、反俄的總理，而不是人稱「無聊」的蕭茲，德國可能會在俄羅斯入侵烏克蘭當下立即下決定，而不是在北溪二號的天然氣難題中載浮載沉。二〇二三年，臺海安全變成各大國際論壇的討論重點，美國智庫「戰略與國際研究中心」（CSIS）還針對臺海戰爭發布一篇兵棋推演報告，試圖推算在各種情況底下，臺灣如何保住自治，中國又要在哪種末日狀況下才會奪得臺灣。但兵推再詳細，最終還是得看到時候時任美國總統是誰，而他（她）會不會爲了臺灣出兵。這一切，都還是回到「人」的主觀判定。

而且用「人」來講新聞，也比聊事件有趣多了。我時常到國高中演講，跟大家分享怎麼讀國際新聞會比較有趣。除了國與國之間的愛恨情仇，我最常講的就是「從人下手」。今天我如果說：「法國當局持續和莫斯科保持通話，盼用外交對話阻止俄羅斯入侵烏克蘭。」這句話聽起來無聊至極，甚至我猜有一半的人只會快速看過。但如果我改成：「馬克宏（法國總統）跟普丁講了三小時的電話，只爲了勸普丁收手。」是不是就多了點人情味，彷彿這則新聞都立體了起來。有了「具體的人」，你腦中便有了畫面，不僅更好記憶，更有了延伸閱讀的目標。所以在這一章，我將會給你一些有趣的思考方向，讓你對國際新聞裡的「人」更有概念，未來在讀國際新聞時也能找到箇中趣味，發展出屬於你自己的解讀方法。

總理還是總統，遊戲規則大不同

在聊「人」之前，先來認識關於人的「遊戲規則」。這是爲何？難道同一個人在不同政體下，會得到截然不同的施政效果？沒錯，非常有可能。在正常的狀態下，政治是個彼此妥協、相互牽制的多人遊戲。你可以想像這是一套設計精良的桌遊，政黨或政治人物在每個回合裡觀察對手的動作，進而決定自己下一步要往哪走。除非國家正在遭受獨裁統治，或是處於戒嚴狀態，我們才可以拋開所有選舉制度不管，否則制度將會是你優先需要搞懂的東西。先弄懂這個國家正在使用什麼規則，我們對政治領袖的行爲判讀才有意義。不然你就會像一個不懂美式足球的菜鳥觀眾，跟著全球數億觀眾坐在沙發前看一年一度的超級盃，結果全程三小時，唯一看懂的只有中場表演。

聯合國有一百九十三個成員國、三個觀察國，如果再加上像臺灣這樣不在聯合國體系內的主權實體，全球將會有超過兩百個國家。那有沒有什麼一體適用的大框架，方便我們快速分辨每個國家的遊戲規則呢？很可惜，沒有這麼好康的事。我們可以簡單將國家政體分爲總統制、半總統制、內閣制、君主獨裁等等，但在這些制度背後，又因爲國家發展歷史不同，有了各式各樣的變化。

就拿臺灣來說吧，我們的制度介於總統和半總統制之間，但又不純然等於其中之一[1]。政體的分類很難一言以蔽之，教會大家背誦兩百個國家也不是本書的目的。幸好，連政體規則都適用「二十／八十法則」，我們只需提出幾個最常見的遊戲規則，便能解釋現今大多國家的民主運作方法，進而拆解看似艱澀難懂的國際新聞，直擊這些政治玩家的策略核心。

我們先來講臺灣的制度。公民課本都會說，臺灣是雙首長制。我們四年選一次總統，總統掌握外交實權，同時也是三軍統帥；而我們的內政是交給行政院長處理對吧，但總統有權利提名行政院長。所以我們會說，**臺灣的總統對內政有實權，所以很接近總統制**。那我們臺灣的立法權給誰管呢？答案是人民選出來的**立法委員**。所以臺灣的總統並不直接掌握立法權，也就有可能會產生**不完全執政**的狀態。這個「不完全執政」很重要，在很大程度上影響國家領導人能不能推動他期望的施政方向，我們之後會舉例。

而美國就是完全的總統制，沒有行政院長，也沒有總理。在美國，人民投票選出總統，這位總統就可以決定**除了立法以外**絕大多數聯邦政府事務。我說「立法以外」，就是因爲美國的立法權掌握在國會手上，這一點跟臺灣很類似。美國公民選出總統和國會議員（等同於臺灣的立法委員）。當民主黨總統候選人選贏了，而選舉結果揭曉後，民主黨又同時拿下國會多數席次，那就會達到「**完全執政**」。這時民主黨想提出什麼樣的法案，基本上都能夠如入無人之境。只是美國又分眾議院和參議院，眾議院的議員是兩年選一次，如果執政黨玩過頭，美國人民也是有可能在兩年後把票投給在野黨。所以說這個「完全執政」的無敵星星是很短暫的，若強硬推動人民不喜歡的法案，光芒很快就會黯淡。

目前全世界大約有四十多個國家採用總統制，大概占全球二二％。最具代表性的國家當然是美國，其他總統制國家大多位於中南美洲，像巴西、阿根廷、委內瑞拉等等，這跟中南美洲後殖民時期的民主發展有關。當時西班牙和葡萄牙結束殖民，美國積極在中南美洲推動總統制，認爲這個制度比較能爲國家帶來穩定的成長（這很合理，誰都覺得自己的制度最棒）。在美國大力支持下，總統制在中南美洲蓬勃發展，但也因此孕育出不少強調資本主義的獨裁者，反倒爲社會主義埋下種子，引發粉紅浪潮②。

總統制的遊戲規則非常簡單，政黨推出候選人，候選人只要想盡辦法吸引人民的選票，當選後通常都能決定整個國家的施政方向。當然也有所謂的「不完全執政」，這時總統想推動的法案可能會在國會被推翻（或遭受阻撓），但大部分總統制都還是有繞道而行的小撇步。例如美國總統就很常使用「行政命令」繞過國會直接下令。

二〇一九年，美國總統川普頒布一項行政命令，叫做《保護資訊與通訊科技以及服務需求鏈》。根據這項行政命令，川普宣布美國進入「緊急狀態」，為了保護資訊國家安全不受「外國對手」威脅滲透，授權美國貿易部封殺「敵意企業」進入美國市場互動。川普這段話在指誰，你知道，我知道，獨眼龍也知道，「外國對手」指的就是中國，「敵意企業」正是華為。

果不其然，隔天美國貿易部立刻公布一份出口管制黑名單，裡頭洋洋灑灑列出華為集團和旗下七十多家關係企業。這項行政命令劃開美國對中國實施貿易制裁的新章節，美中貿易戰越演越烈。

這就是美國總統制當中的一條特殊遊戲規則。行政命令讓美國總統可以跳過國會，直接推行政策，可以簡單理解成一種「快速通關」。行政命令不需要通過國會批准，卻同樣具有法律效力，若遇到緊急事態，美國總統大多使用「行政命令」做為推行政策的武器。但行政命令有一條規定，就是不可以違背美國《憲法》或是現有的法條。這使得國會可以透過制定真正的法律，來蓋過總統的行政命令；再不然就是國會可以刻意不審預算，讓總統沒錢執行他的政策（川普執意完成的美墨圍牆就因爲沒有預算而停擺，直到他任期結束都沒蓋成）。

所以在總統制底下競賽的政治玩家們，最重要的是爭取人民的選票。尤其像美國這樣的老牌民主國家，更是從黨內初選就開始爭奇鬥豔，想辦法讓同黨選民選擇自己，而非其他候選人。在這樣的規則之下，「撼動人心」成爲一條嶄新的道路。這時再搭配當代一項獨有的特色——**無所不在的社群媒體**，突然間，人人都可能瞬間爆紅，從過往「政治只給局內人玩」的窠臼中殺出一條血路。你不需要有個達官顯貴的爸爸，也不需要媽媽是什麼基金會董事，只要你有強大的演講能力，搭配獨特的個人魅力，你也很有可能成爲一位空降的政治新星。在這個掌握社群網路就掌握流量的世代，誕生了一個新的物種：政治素人。

政治素人最佳代表：澤倫斯基

關於澤倫斯基（Volodymyr Zelenskiy），全臺灣街頭巷尾的叔伯阿姨應該都能聊上幾句。他們講得出澤倫斯基的穿著（那件軍綠色 T-shirt）、澤倫斯基的勇敢，再厲害一點的可能說得出他在世界各國進行無數場激勵人心的演講。但你知道澤倫斯基是如何當上烏克蘭總統的嗎？

二〇一九年四月二日，我寫了一篇文章，標題為「烏克蘭第一輪總統大選結果出爐，喜劇演員大幅領先」。那是烏克蘭第七屆總統大選第一輪。烏克蘭總統的選舉制度跟我們不一樣，全民會先投一次，如果沒有任何一名候選人的得票率超過五〇%，就會在幾天後舉行第二次選舉，由首輪的前兩名候選者進行ＰＫ加時賽。而二〇一九年這場選舉，總共有三十九位參賽者。

等等，人數也太多了吧！難道烏克蘭沒有黨內初選這種機制，還是說參選門檻有夠低，一堆蜂蜜檸檬出來選？呃，對。如果想選烏克蘭總統，你只要超過三十五歲、具有烏克蘭選舉權，並在選舉之日前在烏克蘭連續居住十年以上，就可以登記參選；當然，你要會烏克蘭語。然而競選總統並非毫無成本，候選人要付將近兩百八十萬臺幣的保證金，而且只有進入加時ＰＫ賽的前兩名可以把保證金拿回來。但老實說，兩百八十萬臺幣這個門檻滿低的，在臺灣少說也有個幾千人拿得出這個錢（且不痛不癢）。

那第一輪誰勝出呢？除了爭取連任的時任總統波羅申科（Petro Poroshenko），另一位是從來沒參選過，也沒有任何政治工作經驗的喜劇演員，澤倫斯基。

那時的澤倫斯基已經是烏克蘭相當知名的喜劇演員，其地位大概等於臺灣的綜藝一哥吧。雖然他從沒參選過，但烏克蘭人民早就對他不陌生，只是從未以「政治人物」的眼光看待他。二〇一五年，澤倫斯基出演烏克蘭喜劇《人民公僕》。他在劇中扮演一位老師，因為抱怨烏克蘭貪腐問題被學生拍下來上傳至網路，正義凜然的氣勢吸引了全國人民，最後竟然陰錯陽差選上烏克蘭總統。以上，都是《人民公僕》的劇情。然而不久後，電視劇劇本竟眞的在現實生活中上演。

當時的烏克蘭的確深受貪腐所苦。《人民公僕》一劇會如此受歡迎，正是因為劇中的澤倫斯基說中烏克蘭人民心中的怒火，點出國家的困境。當時和澤倫斯基競爭的波羅申科是烏克蘭的億萬富豪，人們認為波羅申科並沒有苦民所苦。烏克蘭這個國家困在有錢人手中太久了，全體社會期待轉變，人們遂將期望押注在一位空降英雄——澤倫斯基——身上。

一個從未擔任公職的喜劇演員，創立了一個跟電視劇同名的政黨（就叫「人民公僕」），第一次參選就一舉拿下勝利，而且還是大幅領先。這在過去幾乎無法想像，但在總統制規則下，就是有這樣令人充滿希望的「機會」。想要改變國家，不需要和黨內派系大佬喝茶應酬，也不需要協調酬庸。只要你能打動人心，哪怕是全新政黨，也都能抓到機會，一展長才；更別提社群媒體的推波助瀾。網路世界的蓬勃，讓「機會」散成數千萬顆種子，公平散落在每個城市的角落，足以讓地產大亨當上美國總統，也能讓喜劇演員成爲新時代國民英雄。這就是總統制的魅力所在，只要抓住民眾眼球，人人都能成爲國家領袖（當然還是要符合《憲法》規定的條件和繳交爲數不少的保證金）。

內閣制的無限可能

總統制講來充滿希望，但實際上玩法也比較單一。在總統制裡，「人」很重要。黨內再怎麼人才濟濟，你每四年只能推出一位總統候選人，而這人一當就當四年（或五年），做得好一點還有可能連任，其他人都只能乾瞪眼等下次選舉。所以在總統制中，政治明星非常重要，也顯得總統制的遊戲規則相當簡單，誰最受人民歡迎，誰就出來選。

但內閣制是個截然不同的遊戲。在內閣制國家裡，凡事都有彈性，人人都有舞臺。我們可以說，**內閣制就是一門妥協的藝術**。

內閣制如何選出領袖呢？很簡單，人民先投票選國會議員，國會議員再投票選出總理。所以當單一政黨席次超過半數時，也不用投票了，該黨領袖就順理成章成爲總理（除非黨內太多人跑票）。有別於總統制，內閣制的總理通常都沒有任期限制。只要你的政黨長期獲得比較多的民意支持，而你本人又長袖善舞，總是能夠贏得黨內多數人的信任，擔任黨魁，那也眞的算你厲害，你愛當幾年總理就當幾年。因此我們才會看到德國的梅克爾竟然當了整整十五年的總理，而以色列的納坦雅胡（Benjamin Netanyahu）的總理任期加起來也超過十六年（持續累積中，之後會提到）。

問題來了，萬一選舉結果並沒有單一政黨過半呢？這也很簡單，趕緊拉攏其他黨，兩黨席次加起來超過半數就好啦。所以像德國梅克爾時期，就長期由梅克爾主導的德國基督教民主聯盟（簡稱「基民盟」）搭配德國社會民主黨執政。而這樣「多個政黨共同執政」的模式，就被稱爲「聯合政府」。

講到這裡，故事就有無限發展空間啦。我們先來看看二〇一八年的義大利。這一年，義大利要選出六百三十名眾議院議員和三百一十五名參議院議員，總共有超過二十個政黨角逐這些席次。二十個政黨？也太多了吧！沒錯，所以票數其實非常分散。當時義大利是由二〇〇九年才創立的「五星運動」（Five Star Movement）

執政，而五星運動也如願以償拿下得票率第一的寶座。

但「第一」不代表過半。在這次選舉裡，即便五星運動是最受歡迎的政黨，也只拿下三成的得票率。意味著五星運動自己無法推派總理，要和別人聯手。於是他們把目光放向得票率第二高的……政黨？不，是聯盟。剛剛說過，這次選舉總共有二十多個政黨參與。這時，有些價值觀接近的小黨就樓上揪樓下，組成「聯盟」，然後把席次加總一起算。團結力量大嘛，打包一起算數字比較大啊。那一年，得票率最高的政黨是五星運動，第二高票是由四個政黨組成的中右翼聯盟（價值觀偏保守派），第三高票是五個政黨組成的中左翼聯盟（價值觀偏自由派）。

這時候，有趣的事發生了。五星運動想找中右翼聯盟一起組「聯合政府」，但問題是總理給誰當？五星運動說我的票比較多啊，應該是我的黨魁當；中右翼聯盟說你沒有我也組不成聯合政府，好歹也要把總理的位置讓給我們吧！就這樣僵持了三個多月，雙方終於想出一個絕妙的平衡，那就是「另外找人來當」。沒錯，最終結果就是五星運動和中右翼聯盟的領袖都退而求其次，擔任副總理，總理一職則向外找了一個空降領袖——孔蒂（Giuseppe Conte）。

這很特別，因爲當時孔蒂沒做過任何政治職務，也不屬於任一政黨。但正是因爲他的身分獨立性，讓這兩派人馬都覺得是最好的選擇，不偏頗哪一方。後來孔蒂當了大概三年多的義大利總理，才在二〇二一年的義大利政府信任危機中辭職（孔蒂辭職時已經成為五星運動的領袖）。

這就是內閣制的絕妙之處。在被兩派人馬看上前，孔蒂只是一位法律學教授，頂多擔任過行政司法局的雇員。他的確被視為某些特定領域的專家學者，但絕對稱不上政治明星，說不定也沒多少義大利人認得出他。但內閣制就是如此令人目眩神迷，只要能籌到多數國會議員支持，什麼事情都有可能發生。就連「總理」大位也能成為籌碼，交換任何一丁點籌組政府的可能。

說到把總理當籌碼，二〇二一年的以色列總理之爭才真的是「喬王大戲」。二〇二一年三月，以色列又大選了。為什麼我說「又」？因為這是以色列兩年內的第四次大選。我們臺灣四年選一次總統，人家以色列是兩年選四次國會議員，想到要花好多高鐵車票錢就覺得累（欸不是）。為什麼以色列會這樣呢？主要是因為他們長期採多黨政治：以色列每個政黨實力都差不多，不像臺灣或美國都那一、兩個超大黨在拚，所以很少有單一政黨可以單獨過半。而且就跟義大利一樣，每個黨都太小，就算拉一個小黨過來也還不夠，往往要「三個以上」政黨結盟，才有組閣的機會。這個狀況下，就常常會有「分配部會」的狀況發生。

舉例來說，我是納坦雅胡，我邀請你加入我的聯盟，你願意的話，我就把國防部或教育部分給你，算是名正言順的酬庸。也因為內閣都是從黨外拉來的，就更容易發生倒閣，畢竟對小黨來說，倒閣沒有成本，反正他們不是損失最大的那個。所以以色列或義大利才會一天到晚在選舉、組內閣。講個驚人的數字，義大利從一九四六年施行兩院制以來，七十多年內更換了六十八屆政府，對人民來說，幾乎每年換一個總理，簡直是成語「走馬換將」的具體展現。

而二〇二一年這次，以色列時任總理納坦雅胡踢到鐵板了。這次大選結果對他來說相當不利，他的利庫德集團只拿下一百二十席當中的三十七席，遠遠不及組閣門檻；再加上他一直無法湊到夠多小黨支持他，所以以色列總統李佛林（Reuven Rivlin）就說，納坦雅胡你別搞了，這麼久都搞不出什麼名堂。那個誰，第二名的反對黨領袖拉皮德（Yair Lapid）啊，換你來試試看吧。

這時我們先暫時拉出來解釋這個「總統」。是的，你沒看錯，在內閣制的國家裡，除了總理之外，還會有一個「國家元首」。有些國家是王室擔任，例如英國、日本、泰國、丹麥。有些國家則是設有總統，例如以色列、德國和芬蘭。這些國家的「總統」是象徵性的存在，他可以任命政府官員、特赦、外交出訪，但國家的行政管理還是由總理主導。這就是為什麼當以色列內閣在二〇二一年遭遇組閣困難時，總統要出來指定第二名的政黨組閣。馬來西亞也曾因為馬哈迪的希望聯盟組閣緩慢，最後由馬來西亞國家元首出面指定慕尤丁組閣，避免了無政府的危機。在內閣制國家中，虛位的國家元首扮演的就是一個喊停和協商的角色，必要時刻讓國家可以順利運作。

鏡頭拉回拉皮德。總統李佛林給拉皮德二十八天，要他在期限內想辦法湊出國會過半席次，成功了，他就可以當總理。拉皮德該怎麼辦呢？他的聯盟的席次還比納坦雅胡來得少，只有二十五席（過半需要六十席），他有辦法順利組閣嗎？好死不死，二〇二一年五月，以色列和加薩走廊的哈瑪斯爆發嚴重衝突，數百枚砲彈在天空中飛來打去，國際都爲以色列捏把冷汗。在如此混亂的情況下，拉皮德眞的有可能組成內閣嗎？就在組閣大限最後兩天，大家都以爲拉皮德注定失敗之際，一個只有六席的小黨主席站出來，宣布驚天動地的結果：

「納坦雅胡已不再嘗試組成右派聯合政府，也很清楚聯盟已不存在。他打算將右翼聯盟、甚至整個國家，都一起帶向終點。因此，我將盡最大的努力，和我的好友拉皮德先生，一起組成聯合政府，帶領以色列重回正軌。」

說這段話的，是右傾黨領袖，班奈特（Naftali Bennett）。這簡直跌破所有人眼鏡，因爲這位班奈特可是納坦雅胡的堅定盟友啊！他曾經當過納坦雅胡的幕僚長、經濟部長和國防部長，可都是不得了的職位啊。你怎麼會捨棄納坦雅胡，跑去跟拉皮德結盟呢?而且班奈特的政黨叫做「右傾黨」，顧名思義就是很右派。在以色列的右派是怎樣?就是主張把巴勒斯坦的土地統統併呑，不讓巴勒斯坦建國那種，超級右，超級派。但是拉皮德本人是中間派，而且拉皮德另外找的兩個政黨都是左派，其中一個還是阿拉伯裔的以色列人組成的政黨。天啊，一個聯合政府裡頭有「阿拉伯人」和「想要併呑阿拉伯人領土的以色列人」，這畫面太血腥我不敢看。

到底是什麼原因讓班奈特動了心，決定和這些中間偏左的政黨們合作呢?答案不偏不倚，正是我們剛剛提到的「總理大位」。拉皮德答應班奈特，你如果帶著你的六席加入我，讓我得以組閣，那我就分一半的總理給你當。什麼叫一半?總理還有你早班我晚班的?正是，拉皮德的算盤是班奈特先當兩年，後面兩年再換他當。原來是大風吹的椅子啊，我還以爲是以色列總理呢。

而且拉皮德這招可不是創新之舉。早在前一年的四月，納坦雅胡就試著要拉攏另一個勢力的領袖籌組聯合政府。當時納坦雅胡向反對派領袖甘茨（Benny Gantz）提出一項「魔鬼的交易」，就是雙方各執政一半的任期。

這是以色列政壇的特色，也是危險來源。以色列太常籌組聯合政府，但是在籌組的過程中，各方勢力的價值觀天差地遠，你眞的要找到一批堅定的盟友談何容易。這時聯合政府就像多頭馬車，一匹要往左，一匹要往右。只要一丁點的意見不合，倒閣也是時有所聞。歐洲國家還好一點，至少聯合政府都是基於差不多的價值觀才合在一起，例如我們都是中間偏左，只是差別在於你想顧勞工的權益，我想顧教育，所以政治利益還是在靠左偏的這個光譜稍稍移動，沒有太大意識形態的衝突。但以色列小黨林立，恐怕無法湊出全左派或全右派的聯合政府，就會造成現在這樣「左派、中間派、右派」統統摻在一起做撒尿牛丸的狀態。

本來故事到這裡就要停止了，但內閣制就是這麼調皮，不會乖乖配合拉皮德的分配。本來什麼你兩年我兩年的，到了二〇二二年十一月，拉皮德的四年大夢甚至還走不到一半，故事就急轉直下。班奈特在當了一年多的總理之後，礙於這個破碎的聯合政府太難整合了，宣布提早解散國會，重新舉行大選，並由拉皮德接任看守內閣。這已經是以色列四年來第五次大選，看著看著我都累了；而且重新大選的結果更是摔碎所有人手中的水晶球：大家都以為自己掌握未來，殊不知權力遊戲這麼難玩，越是經驗老到的人，才越有勝算。至於以色列近代誰最熟悉政壇？誰最老謀深算？答案正是我們開頭講的那一位大玩家，納坦雅胡。

納坦雅胡早就看出拉皮德的浮士德遊戲不會玩太久。他在丟掉總理大位時就曾經預言，這個由意識形態大相逕庭的政黨組成的聯盟，將會脆弱不堪一擊。到時候會使宿敵伊朗趁虛而入，根本下不了重大決策。果不其然，二〇二二年十一月，機會迅速回到納坦雅胡面前。納坦雅胡這次召集了比班奈特更右派的快樂小夥伴們，浩浩蕩蕩贏下選舉。最終這個以納坦雅胡為首的極右派聯盟正式回歸以色列政壇，摧毀拉皮德的左中右派美好夢想。

以色列和義大利的例子並非少數。在一些老牌的民主國家中，內閣制被政治人物們玩得爐火純青，甚至在搶奪總理一職時還能保持彬彬有禮，兵不血刃。若將政治比喻為電動遊戲，內閣制就是「非回合制」，招數和招數之間沒有固定的時長。贏的人只能短暫驕傲，因為倒閣隨時都有可能發生；輸的人也不輕言放棄，甚至還能笑著等組閣的人出洋相，抓緊時機，總理大位隨時都有可能回到自己手上。所以在內閣制底下，人們無不戰戰兢兢，做得好保你長命百歲，做不好賭你無法滿月。英國二〇二二年就有位總理（或稱首相，意思相同）特拉斯（Liz Truss），才上任四十五天就被轟下臺。這就是內閣制的趣味所在，上個月還在高調慶祝當選，下個月官位就付諸流水。

如果用「人性」來解釋

上一節我們聊了國家領袖的選舉制度，不外乎就是探討兩件事：選民的喜好和政客的利益。在不同的國家政體下，看似簡單易懂的制度，可能因爲人性的猜忌懷疑，變成一個千變萬化的萬花筒，轉來轉去像一場無止盡的非零和賽局。在政治這頭，人性讓事情變得複雜。但有些時候，本就錯綜的國際局勢，只要套用一點點的人性，反而可以立刻被看清。接下來我將與你分享兩個極端組織亦敵亦友的故事，向你示範：如何用人性，破解看似複雜的八點檔劇情。

二〇二一年八月，美國宣布從阿富汗撤軍。塔利班隨即在短短幾天內掌控阿富汗全境，宣布重建阿富汗伊斯蘭大公國（也可翻譯爲酋長國）。兩週後，阿富汗首都喀布爾機場發生一起上百人死亡的恐怖攻擊。策畫這起攻擊的聖戰組織並不是塔利班，而是伊斯蘭國的一個分支，叫「ＩＳ-Ｋ」。等等，這又是誰？聽我娓娓道來。

故事要拉回二〇一四年九月。這一晚，有個人偷偷潛入巴基斯坦，和巴基斯坦當地的武裝分子會面，也就是**巴基斯坦塔利班**。原來，這個人是伊斯蘭國派來的。

他是來聆聽一群對塔利班不滿的人們抱怨。他對著這些生活困頓、失去希望的人說：「對塔利班不滿的人啊，來伊斯蘭國吧，這裡有你要的。」在他離開之後，伊斯蘭國的傳單、旗幟和宣傳品開始在巴基斯坦發送。這些小東西上頭寫著：「所有穆斯林都要效忠伊斯蘭國領袖巴格達迪（Abu Bakr al-Baghdadi）。」

二〇一五年一月，Islamic State Khorasan 成立，又稱爲 IS-K，中文是「呼羅珊伊斯蘭國」。這個「呼羅珊」指的是一個古地名，包含整個阿富汗，以及部分的巴基斯坦。會取這個名字，就是因爲伊斯蘭國領袖巴格達迪把這個分支視爲走向全球的擴張，希望伊斯蘭國一路往東邊延伸，超過中亞更棒。這就是 IS-K 被賦予的使命。所以當塔利班只是專注於將阿富汗打造爲他們心中的伊斯蘭國家時，IS-K 放眼的是更大的目標：「建立一個橫跨中東和亞洲的伊斯蘭哈里發國。」

夢做得很大，但也要有本事才行啊。IS-K 確切是怎麼壯大的呢？他們是如何從一個不滿塔利班的小團體，一路擴張成超過兩千人的恐怖組織呢？第一個方法很簡單，就是**靠** IS **吃穿**。既然是 IS 全盛時期延伸出來的子公司，母公司肯定是要給予大力支持的吧。沒錯，IS 在呼羅珊區域提供數十萬美元，甚至更多，讓 IS-K 可以建立一些區域網絡，吸收更多激進的戰士們。

但花再多錢都比不上一場轟轟烈烈的攻擊來得有宣傳效果。比起低調攻占各省分的塔利班，IS-K更偏好明目張膽的高調襲擊，最好街頭巷尾人盡皆知，成功了還要張燈結綵、大肆宣揚。而且他們發現，襲擊塔利班的基地沒什麼效果，反倒是襲擊平民才值得說嘴。二〇二一年五月，IS-K攻擊了喀布爾一所女子學校，有八十五人死亡；同年八月，他們攻擊了一座監獄，造成二十九人死亡。最令人詬病的是二〇二二年五月，阿富汗一間婦幼醫院遭到恐怖攻擊，也是IS-K幹的。沒錯，連對婦幼醫院都可以痛下毒手，這就是IS-K的風格。透過攻擊所有人，達到「恐嚇」的效果。當時有位駐軍在伊拉克的美國海豹突擊隊成員這樣形容IS-K：「與蓋達組織作戰很難，因爲他們眞的很想戰鬥；但打擊IS-K更難，因爲他們眞的很想死。」

寫到這裡我們要提醒一件事，那就是IS-K和塔利班是競爭關係。雖然都是伊斯蘭教聖戰組織，但他們彼此之間沒有愛。畢竟他們想成立的國家就不一樣，有種各自努力，看誰會贏的較量感。況且塔利班可是曾經幫美國打擊IS，才會有後面的美國和塔利班握手言和的劇情。但當二〇二一年八月，塔利班選擇和美國和談，又讓美軍撤走所有人時，這就踩到IS-K的底線了。

IS-K抱怨塔利班怎麼可以把這些異教徒放走，而且還跟邪惡美國談判，這都不是先知允許的（但也沒人知道先知眞的允許什麼）！所以美軍撤離阿富汗後沒多久，ＩＳ-Ｋ就策畫這起喀布爾機場自殺攻擊。爆炸案最終造成一百六十九人死亡，其中美軍占十三人，但更多受難者是阿富汗平民，超過一百五十人。這就是典型的ＩＳ-Ｋ，高調襲擊，無視平民。

這場襲擊讓美國氣炸了，想說我們都要撤離了你還打我美軍的人，搞什麼。總統拜登對著鏡頭直言：「我們不會被恐怖分子嚇倒，我們不會原諒，我們不會忘記。我們會追捕你，讓你付出代價。」語畢，隨即要求指揮官進行反擊。那塔利班在幹麼呢？沒幹麼，他們似乎沒特別作爲。因爲當時喀布爾機場還是由美國掌控，所以他們也不能幹麼，頂多出言譴責恐怖主義行爲。但仔細一看，塔利班的說詞看起來似乎怪怪的。塔利班發言人說：「機場爆炸案是恐怖主義行爲，應該要受到全世界的譴責。但會有這樣的襲擊是因爲外國勢力一直在阿富汗境內不離開。一旦機場的狀況處理好，外國軍隊也離開了，我們就不會有這樣的襲擊行動。」

蛤？這到底是在譴責恐怖攻擊，還是拐著彎罵美軍？而且當時這些外國勢力已經正在撤出了，還因爲撤得太快太突然，搞到拜登被全世界罵到臭頭，說美國拋棄阿富汗。塔利班這到底是在演哪齣？不懂啊！

這時讓我們大膽一點，暫時拋開眞相（畢竟也沒人知道眞相），試圖揣測塔利班的想法。當你看到塔利班這樣回覆機場恐怖攻擊案時，你會怎麼想？如果暫時還沒有頭緒，不妨先聽聽我的想法。當我發現塔利班並沒有第一時間譴責ＩＳ-Ｋ，反而說是因爲外國勢力一直不走，才有這些恐怖攻擊時，我會直覺聯想塔利班「樂見這起攻擊事件」。塔利班或許不是直接主導者，但至少他們可以藉由這起事件撻伐外國軍隊，借勢趕人。同時間，因爲發動攻擊的並非自己，也能夠坐壁上觀，蹺著二郎腿看美軍和ＩＳ-Ｋ互相攻擊，自己則在喀布爾漁翁得利。

寫到這裡，我必須提醒大家，這一切都得很小心。因爲我們只是揣測，在找到證據證實我們的假設之前，永遠不能以肯定之姿將這樣的揣測傳達出去。那我們可以揣測嗎？當然可以，我們的身分是讀者，不是媒體從業人員。讀國際新聞不僅是讓我們對外界的變化有所掌握，更是藉由觀察各國領袖的互動、國與國的衝突，回頭建立自己的底層邏輯，架構出屬於我們自己的世界觀。就像每個經濟系學生都得讀凱因斯和海耶克，但在熟讀理論之後，我們可以選擇相信哪一學派，或是對某一理論進行質問和思辨，並在往後的人生中不斷驗證自己的想法（甚至有可能發現自己從頭到尾都是錯的，那再改就好）。讀者有讀者的自由，只是在找到證據之前，最好不要將這樣的自由用於大眾傳播。

但如果我再三對大家耳提面命，卻不驗證我對喀布爾機場攻擊案的揣測，那將是我的失職。幸好我找到一份聯合國的報告支持了我的假設。這是一份聯合國安理會對阿富汗的安全報告，出版於二〇二一年六月一日。是的，正是美軍撤離阿富汗、塔利班掌權的兩個月前。這份報告針對二〇二一年的塔利班實力，做出鉅細靡遺的記錄和分析，包含塔利班的領導團隊、財務狀況、與蓋達組織的互動等，其中當然必須包括塔利班和ＩＳ-Ｋ的關係。

報告中有這樣一段話：「被塔利班吸收的武裝組織『哈卡尼網路』和ＩＳ-Ｋ保持密切聯繫。這兩個組織均有默契地認爲，雙方都會從某些聯合行動中受益。所以當有恐怖襲擊時，塔利班會否認某些襲擊，而ＩＳ-Ｋ卻聲稱對這些襲擊負責。」

我的揣測得證了，透過聯合國的報告，我們看見塔利班和ＩＳ-Ｋ的神祕默契，然而這並不代表塔利班和ＩＳ-Ｋ兩情相悅，他們離兄友弟恭還有好大一段距離。我們仍要正視塔利班和ＩＳ-Ｋ在信念上還是不折不扣的競爭對手，甚至有些時候可稱之爲敵人。但在驅逐西方軍隊這個目的上，雙方有著共同目標。「敵人的敵人就是朋友」，這句話用在阿富汗的武裝組織之間再適合不過。

在國際新聞的世界裡，沒有永遠的朋友和敵人，只有永遠的自己和別人。這個世界充滿灰階色彩。而在不同的灰色地帶之間，存在著許多像這樣的謎題，待閱聽者自己尋找解答。如果要學會解讀看似困難的國際角力，合理的假設和豐富的想像力是絕對可被運用的。**而我更想大膽地建議你，適時套用「人性」做爲你的解題**

密鑰。有些時候國與國之間的恩怨情仇看似難解，實際上套用一點點的「人性」，你會發現，就算是再遙遠的國家、再陌生的政治經濟和文化，眾人想的大致都一個樣。這些一國之君的互動其實就跟我們生活上和其他人的相處一樣，那麼的充滿人性，那麼的樸實無華。只要稍微用一點八點檔劇情的邏輯去推敲，佐以適當的研究報告和數據證明，你也可以成為國際關係觀察家。

---

①臺灣是「雙首長制」，總統負責外交和國防，而行政院長則主要負責內政。總統確實有提名行政院長的權力，這使得臺灣的制度接近總統制。

②「粉紅浪潮」（pink tide）泛指千禧年初期，在拉丁美洲透過民主選舉而執政的一系列中間偏左政權。

PART 3

培養你的國際識讀力

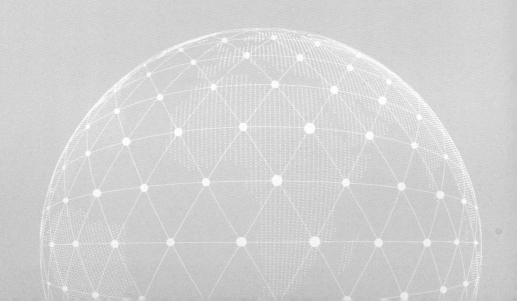

第6章

最日常的國際識讀技巧

你竟然能讀到這裡，表示你眞的對國際新聞很感興趣吧？那我差不多要把我最後一包錦囊妙計傳授給你了。在這一章，我會告訴你我平常是如何吸收國際新聞的，又如何分辨各式各樣意識形態，轉化爲自己的見解。這些技巧一點都不難，因爲我也曾經像你一樣，對國際新聞一知半解。但經過這三年來不間斷的摸索和實驗，我順利成爲讀得懂國際新聞的人。而且必須要強調，我做「敏迪選讀」的頭兩年有正職工作。我每天就跟你一樣朝九晚六，只能用瑣碎的休息時間偷滑手機，下班回家還要當貓奴鏟貓砂，也有另一半偶爾要一起看場電影吃頓好料。我的生活跟你差不多忙，仍然可以利用閒暇時間關心世界。所以我相信只要運用這些簡單實用的心法，你也可以像我一樣，一一擊敗 Part 1 提到的各種困難，擁有閱讀國際局勢的超能力。

第一招：社群養成計畫

大家最常問我的問題就是，**「平常除了看敏迪整理的文章，我還能用什麼方式自主吸收國際新聞？」**更進階一點，有些人還會問：**「如何不額外付出時間，就可以多吸收一點國際新聞？」**

我懂，我們不是懶，我們只是沒時間又沒毅力（怎麼聽起來就是懶？）。大多數的人在工作之餘只想滑滑臉書、Instagram、看看YouTube，這很正常。當你一整天已經用腦十個小時，你只希望看一些沒有負擔的、不需要記憶的東西。如果要你下班時間還得撥出一個小時特別閱讀國際新聞，那未免太辛苦了。所以我第一招要教你如何利用瑣碎時間，無負擔地吸收國際新聞。別忘了，我們不要一口氣吃下一整顆蘋果，切成小塊小塊的，心理壓力才不會這麼大。

開始之前想先問你：你覺得我平常都在幹麼？你是不是認爲敏迪是知識分子，

每天飽讀詩書，徜徉在文獻當中？你是不是覺得我肯定很用功，又自律，不會浪費時間滑手機？那你就誤會大了呀。iPhone有個功能是會幫你統計平均每天觀看手機螢幕的時間長度。你猜我的數字多少？

六小時二十分鐘，每天。

是的，我就是個不折不扣的低頭族。我在上廁所的時候滑，在路口等九十九秒的紅綠燈滑，等餐廳上菜時滑。我大概有錯失恐懼症（Fear of Missing Out, FOMO），一有空檔就會拿起手機開始滑。這也就算了，如果統統拿來工作，那還是值得讚許的吧？例如用Google Docs看稿，還是用瀏覽器看PDF？不，這六個多小時裡，有三分之二的時間都是拿來逛社群媒體。舉凡Facebook、Instagram、YouTube，各種社群媒體都是我殺時間的最佳夥伴。我平常工作到一半腦袋快炸裂了，就會拿起手機開始滑臉書。那種滑是無意識地滑，我沒有特別要看什麼，就只是想脫離原本工作的心境，吸收一些無關痛癢的東西。對，我94這樣平凡又懶惰的女子，是不是跟你的生活很接近呢？噢，你可能還比我用功一點。

不過呀，偷偷告訴你，我的臉書塗鴉牆內容可能跟你的不太一樣唷。

我在撰寫這段文字的當下打開自己的臉書，第一則是「Tyfd-K9桃園搜救犬隊」的貼文，二〇二三年，臺灣領犬員羅浩芳和搜救犬Amei成爲臺灣史上第一組人犬通過全球最困難的MRT搜救測驗，結果因爲中國抗議會場出現中華民國國旗，主辦單位決定把兩面國旗同時撤下，呈現令人哭笑不得的場外插曲。接著是「BBC News 中文」粉專發的一則貼文，主題是探討爲何漢堡王遲遲不退出俄羅斯市場。第三則是三立記者相振爲的個人粉專，他剛推出一集新的Podcast，主題是共軍逾越海峽中線並延長停留時間，對臺灣影響爲何。這就是我的臉書塗鴉牆，你的呢？

我們都說現在是被演算法綁架的世代。臉書知道你的喜好、興趣，它甚至知道你現在正在找尋什麼，缺衛生紙還是碳酸飲品。你眼前所見，是演算法根據你過去的行爲打造出來的世界。我們都說「同溫層」，正是因爲臉書把跟你有同樣想法的人都湊在一起了。比方說，你是韓國綜藝節目愛好者，臉書就送更多韓綜粉專和貼文給你；你看得開心，開始追蹤這些粉專，甚至加入社團，跟更多韓綜迷建立連結。漸漸的，你的世界會圍繞越來越多跟韓綜相關的人事物，進而吃掉其他議題的版面，讓你的視線只聚焦在臉書認爲你在意的事。

上述這段話，可以將臉書置換成Google、TikTok、Instagram、YouTube、Twitter（現稱「X」）、微博、Netflix。幾乎所有社群媒體和影音平臺，都在用自己的演算法和你互動。因爲唯有讓你看得開心，你才願意繼續待在這裡。

聽起來很哀傷嗎？我們就這樣甘願被演算法綁架嗎？不用如此喪氣，善用演算法，你會讓自己過得更寬廣（好像什麼直銷廣告）。

餵養你的社群媒體

這些平臺的演算法共通點都是：**你之前看過類似的，我猜你也會喜歡這個**。既然如此，那我們就以其人之道，還治其人之身。你只需要透過一些動作，主動告訴他們「我喜歡這個」，你的社群媒體便會爲你所用。**最簡單的方式就是「追蹤」**。這裡我推薦「由團體到個人」的追蹤順序。

◆第一階段：官方團體

官方團體泛指政府單位、學術機構、非營利組織，他們通常都是當事人，經過嚴謹的登記和認證，而且不能說謊，也不能隨意散播假消息。例如外交部不敢隨便說「美國或將與臺灣建交」，這些模糊不清的話不是它能說的，說了肯定出事。所以這類團體的可信度非常高，你收到的一定是經過證實的資訊，省下你事實查核的時間。

爲什麼先追求正確性？因爲事實查核是一件非常情緒勞動的事。人類是很單純的，當我們從身邊的人獲得一項消息，你會先假設他講的是眞的。例如你聽到隔壁鄰居說「聽說里長都在貪汙」，你第一反應一定是訝異。你不見得會立刻相信，但它在你心裡塑造了一種可能。你原本覺得里長人很好，都會送一些蔥啊、蘿蔔給你媽，聯歡晚會時還會加碼給大家抽紅包，大好人一個。現在被這樣一說，哇，怎麼辦，我以後要怎麼看待里長這個人？他給大家抽紅包，是不是因爲他貪汙，才有餘裕裝好人？

這不是你的錯，你鄰居說不定也是無辜的。你們都沒有惡意，只想知道眞相到底爲何，但「里長貪汙」這個消息就這樣傳開來了。這就是「沒有從官方出發」的風險，因爲個體不用擔憂機構的名譽。所以如果你的消息總是從個人出發，那就要當心了。

另外一個從官方出發的好處是，他們發出的資訊是集體智慧。官方團體是法人，就算是執行長或董事長，也是要向董事會或股東交代，所以他們可不能隨便說話。他們會是一群人集思廣益，讓單一消息以最完善、最適當的方式呈現，如此一來也有助於你吸收。

以國際新聞來說，我建議你追蹤以下官方團體（以臉書爲主，中英文皆有，不用擔心，臉書有翻譯年糕）：

・外交部 Ministry of Foreign Affairs, ROC（Taiwan）
・歐洲經貿辦事處 European Economic and Trade Office （EETO）
・美國在臺協會 AIT
・The White House（白宮）
・United Nations（聯合國）
・European Parliament（歐洲議會）
・UNHCR, the UN Refugee Agency（國際難民署）
・World Health Organization（世界衛生組織）
・中華經濟研究院 WTO及RTA中心

◆第二階段：正規媒體

搞定「正確性」，現在我們來放大資訊取得量。我們在 Part 1 介紹了非常多國內外媒體，例如美國之音、BBC，另外還有德國之聲、轉角國際等，都是富有盛名的優良媒體。我們雖然沒有那個美國時間一一進到網站上瀏覽，但追蹤他們的粉專倒是辦得到的。

正規媒體的粉專有幾個優點。**第一，圖片和摘要一目瞭然**。有時候一篇新聞動輒數千字，正規媒體爲了吸引大家點閱，會用心製作好吸收的圖文字卡，你只要滑過臉書，就可以在短短三十秒內得知一項消息。我這裡用「得知」，是因爲資訊統統被簡化了，這種做法只能讓你停在「知道有這件事」，但還不能針對細節侃侃而談。但沒關係，我們最一開始就說這是一套無痛吸收國際新聞的方法。若要追求深度，我們稍後再談。

第二個優點，深入調查。正規媒體的好處就是它會幫你問出最精準的問題。今天我們看到外交部宣布「立陶宛宣布近期內設立臺灣辦事處」，同一個新聞，BBC News就會跟你說過去有哪些國家以「TAIWAN」爲名設立辦事處、此舉將會如何激怒中國、立陶宛爲何願意這樣做。這是官方單位不會強調的內容，因爲這些話他們不能說啊。外交部總不能說我們跟立陶宛友好，中國一定會超生氣的啦；如果哪天外交部眞的這樣說，我會去部會門口放鞭炮慶祝。有些話就只能從第三方口中講出來，要不然就壞了關係了。

但要注意，在追求深度調查時，絕對不能犧牲正確性。這個第三方必須是公正、有信用、被廣大民眾信賴的組織或媒體。他們在處理新聞時，不會只留下陰謀論，而是會基於事實進行假設和驗證。而且越大的國際媒體，越有人脈和資源處理很深層的議題。所以你的第二步驟便是追蹤這些頗具盛名的正規媒體，國內外都要，最好包含各國觀點。

這邊推薦一些我平常都有在追蹤的粉專，有些有中文網內容，有些則只有英文（但臉書都有翻譯年糕，可以讀讀看）：

以下是有中文網內容的粉專：

- 美國之音中文網
- BBC News 中文（繁體）
- DW中文—德國之聲
- 轉角國際 udn global
- 中央社就給你「國際新聞」
- 自由亞洲粵語 RFA Cantonese
- The New York Times Chinese -Traditional 紐約時報中文網
- 華爾街日報中文版 The Wall Street Journal

以下是只有英文內容的粉專：

- Reuters
- AP
- Al Jazeera English
- The Guardian
- Nikkei Asia
- Financial Times
- CNN

◆第三階段：有特定主題的粉專

接下來就跳脫我們傳統認知的國際新聞管道了。近年來，自媒體越來越蓬勃，各種自發性民間組織也如雨後春筍般陸續成立。他們大多擁有自己的理念，成立粉專也是基於特定使命，所以目的性更明確，可以滿足單一功能需求。

例如「US Taiwan Watch: **美國臺灣觀測站**」（後稱「觀測站」），就是由一群關心臺美關係的留學生及臺美人（臺灣裔美國人）所組成。他們以非營利組織方式運作，目的是讓臺灣人更加了解臺美關係，甚至有機會參與美國政策決策圈，提高臺灣在美國的能見度。聽起來很遙遠對吧？你可能想說我一介草民，怎麼可能管到美國政治圈那邊去，我自己的能見度都有夠低了，還幫助臺灣提高能見度咧。你先別緊張，再次強調，我們現在追求的都是「無痛吸收」，所以不用給自己太重的包袱，有很輕鬆就可以提升國際知識的方式。

近幾年臺灣和美國關係越來越緊密，但是有些動作我們局外人總是霧裡看花。舉例來說，二〇一九到二〇二〇年間，川普分別簽署了《二〇一九年臺灣保證法》《臺灣旅行法》和《二〇一九年臺灣友邦國際保護及加強倡議法》（簡稱《臺北法》）。每項法案都很重要，但看起來都艱澀難懂。所以當時觀測站特別撰文向臺灣大眾介紹這些法案，不僅把時間軸統統拉出來，還會擬定簡單的ＱＡ，解答大家常見的疑惑。

隔年，這類民間自發性的解說又更顯重要了。二〇二一年十月，中國政府不斷派戰機侵擾臺灣領空；同一時間，拜登政府從上到下持續對臺灣釋出善意，一下總統拜登說會協防臺灣，一下國務卿布林肯說支持臺灣有意義參與聯合國體系。然而，在友善之後，總會換來白宮發言人一句「美國對臺政策不變」「美國仍堅持一中政策」。這時候臺灣人就一臉懵：你到底是愛我，還是騙我？這時觀測站全員動起來，向臺灣大眾解說「一中政策」、《臺灣關係法》、「三個公報」和「對臺六項保證」分別代表什麼。有了這些先備知識，我們在看美國挺臺相關新聞，便能更加融會貫通，不至於瞎子摸象。

再舉一個例子。粉專**「歐洲觀點** Europinions」集結多位有歐洲經驗的寫手，分享歐洲相關新聞和觀點，讓繁體中文讀者第一時間收到歐洲最新消息。我們長期關注美國動態，卻忘記歐盟也是全球第三大經濟體（比中國少一點點，但非常接近），臺歐關係同樣需要用心經營。而且近年來有許多東歐國家都對臺灣釋出善意，光是二〇二一年九月起，臺灣就從波蘭、立陶宛、斯洛伐克、捷克四個國家獲贈超過八十四萬劑新冠肺炎疫苗。立陶宛和捷克更是不顧中國反對，一個在國內設立臺灣辦事處，一個派參議院議長訪臺。這可怎麼好意思呢，人家對我們這麼好，我們是不是應該要時常關注這些歐洲好朋友啊？可是歐洲國家那麼多，光是歐盟就有二十七個成員國，一一追蹤他們的粉專未免太累了，有沒有方便的做法呢？有的呀！「歐洲觀點 Europinions」的文章就橫跨歐洲各國，管你東南西北歐，只要是重量級消息，或是與臺灣有關，統統都會被他們轉發或介紹，簡直一藥治百病。

科技、經濟型主題粉專

剛剛說的都是比較偏政治、新聞類型的粉專，聽起來都很合理對吧。接下來我要介紹的粉專類型就有點特別囉。我們講國際局勢，絕對脫不了經濟、科技和軍事。如果一直看新聞覺得很膩，想要來點趣味的。不妨試試看接下來這幾個。

「IEObserve **國際經濟觀察**」是我很喜歡的一個粉專，雖然它標題寫的是「經濟觀察」，但我幾乎把它當國際新聞在看。這也難免，畢竟國際局勢和經濟貿易血濃於水，有時甚至是先有經濟問題，才有政治爭論。所以透過閱讀經濟快訊，你會更快理解某兩國爲何而吵，又爲何結盟。例如以下這段：

「OPEC+拒不加速增產，也爲原油能源板塊帶來支撐，對包含美國頁岩油廠商來說，經歷過產能急增供給過剩帶崩油價的悲劇，現在都是休生養息爆賺的好時機，怕需求反轉再度反噬。這對乾淨能源是好消息，對各國更有誘因加速投資發展。」（2021.11.06 貼文）

上述這段話講的是全球石油供給調配，OPEC+國家決定不增產，那石油價格就高在那裡，不會再往下降。美國聽了當然開心，因爲美國也產油，而且是頁岩油，加上他不在OPEC+裡頭，所以可以一直賣、開心賣。在這段內容裡，我們可以先知道OPEC+國家有共識了，不像之前吵到全球石油期貨暴跌，這就是一種國際局勢。我們另外也從最後一句話看出，石油進口國對ＯＰＥＣ+頗有微詞。畢竟這些產油國喊水會結凍，說不增產就不增產，說漲價就漲價，進口國永遠只有接受的份。這也是爲什麼歐洲國家最支持發展綠能，因爲他們不想再被產油國用能源掐著脖子了。

又例如專講數位科技的「Inside **硬塞的網路趨勢觀察**」，曾在二〇二一年十一月十二日刊出一篇報導：

「美國總統拜登於十一日簽署了『安全設備法』，禁止華爲及中興等可能會造成國安威脅的公司獲得美國監管機構核發的新設備許可。而這個時機的確微妙，因『拜習會』將於三天後展開……」

同樣又是個政治無法歸政治，科技無法歸科技的案例。二〇一八年，中美展開有形的科技戰，最一開始美國政府以「違反伊朗制裁」爲由，將中興列入限制進口的「實體清單」。後來華爲也被美國拉入戰場，美國甚至請加拿大政府逮捕了華爲財務長孟晚舟，最終引發中國和加拿大的人質外交。在那之後，美國還遊說五眼聯盟①和歐洲各國，不要用華爲的5G設備，就算華爲的投標金額總是最低，而且品質也不差，仍有許多國家經過國會審查和投票，阻止華爲投標。

這些標題如果在平日，恐怕會成爲我們看過就忘的「無聊」報導。但是經過主題性粉專的摘要和講解，我們比較能從旁看一點門道。有人解釋了，事情也就會變得有趣許多。所以多追蹤一些政治、經濟、科技、軍事等粉專，你會在無形之中吸收很多國際新聞，一點負擔都沒有。

在地生活型粉專

另外還有一類型，可接觸範圍又更廣了，就是住在當地的生活型粉專。我有一陣子非常迷戀泰國。三年內去了四次，其中三次是去曼谷工作，一次是到清邁旅遊。每一次去，都被泰國這個亞洲設計中心驚豔。他們總能將傳統文化巧妙地融入現代設計中，而且不落俗套，展現出用當代語言重新詮釋的泰國文化。但是回到臺灣，又會看到一些泰國軍政府令人匪夷所思的政策，以及拉瑪十世即位後的各種光怪陸離。種種衝擊，讓我對這個國家越來越好奇。

爲了更加認識泰國，我追蹤了許多在泰臺灣人開設的粉專，有的講旅遊，有的講設計，有的講政治。我試著從不同角度認識這個生命力旺盛的國家，而每個粉專在個別議題上也都有自己的想法。其中也有一些明明當初設立時不是爲了介紹泰國政治，到後來也爲了將事實傳遞給在臺灣的讀者，把泰國鄉民或政治人物的話翻成中文，讓我們更貼近泰國人，知道這個國家正在發生什麼事。

這裡就要給大家一個觀念。**要讀懂國際新聞，不是等到有大事發生了才趕緊打開電視，而是從日常庶民生活中觀察**，這樣事情發生了你才有跡可循。舉例來說，二〇二〇年夏天，泰國爆發大規模學運。人民提出三大要求：修憲、解散國會、王室改革。修憲和解散國會這兩項可以綁在一起看，主要就是在講泰國當時被軍政府把持，人民希望卸除軍政府的實質權力。第三項「改革王室」就比較危險了。泰國是少數幾個有「冒犯君主罪」的國家之一。泰國《刑法》第一一二條，俗稱「褻瀆王室法」，明定任何誹謗、侮辱或威脅國王、王后及王位繼承人者，得處三年以上、十五年以下有期徒刑。雖然近幾年這一條很少被使用，但這條法律的存在已經成爲人民無形的枷鎖，世代傳承的觀念就是「不要亂講皇室壞話，你會被關」。

如果你曾經在二〇一六年以前去過泰國，應該會注意到泰國滿街都是泰皇的照片，而且一定用很恭敬華麗的方式供奉著。當時的泰皇拉瑪九世本身形象超好，也對人民愛護有加，所以人民很甘願「愛戴王室」，也就沒人在意這個《刑法》一一二條。但二〇一六年，拉瑪九世過世了，他兒子拉瑪十世即位。這時有些比較大膽敢言的泰國生活類粉專就會告訴你，這個拉瑪十世風評有夠差。人們比較愛他爸，對於他則是各種白眼。生活糜爛就算了，還放任軍政府擴張權利，自己則把持大量皇室資產，壟斷許多產業。我二〇一八、二〇一九年都去過泰國，也和當地居民深度聊天。他們的確是對這位新泰皇有諸多抱怨。回到臺灣，我仍持續關注泰國粉專，所以當二〇二〇年泰國學運爆發時，我也就不這麼驚訝了。

這類型粉專能推薦的就非常多了，我這邊只列舉一些我覺得自己常看到的。

主題型粉專：

・US Taiwan Watch: 美國臺灣觀測站
・世界走走 seh seh
・Military Filmmaker - Wayne Hsu

經濟金融：

・IEObserve 國際經濟觀察
・股癌 Gooaye
・MacroMicro 財經 M 平方

・Joe's investment
・彭博商業周刊／中文版

科技新創：

・Inside 硬塞的網路趨勢觀察
・數位時代

新聞快訊：

・巫師地理
・臺灣也有一個騰訊
・范琪斐的美國時間

各國分析：

・臺灣妞韓國媳
・泰譯聞 นักแปล กระแสไทย-ไต้หวัน
・中亞脈搏 Central Asia Pulse

・美麗國度的背後：你不知道的瑞士
・法國的十萬個爲什麼 Pourquoi la France
・歐洲觀點 Europinions
・歐洲動態
・說說伊朗
・TVBS 美國特派員 倪嘉徽
・Marcos Shiang（相振爲）
・海獅說
・荷小編 HolTai

◆最終階段：讓個人意見幫助你思考

我很常被讀者或聽眾要求「不要有立場」；就算有，私底下講可以，但請不要在「敏迪選讀」新聞中出現。這很合理，是普羅大眾對於新聞的基本要求。新聞系大學生必修「新聞倫理」，教導你媒體眞實（Media Reality）應該要建立在社會眞實（Social Reality），而非個人眞實（Personal Reality）。我們打開電視臺，也很希望看到不偏不倚的報導。如果主播帶著個人情緒播報新聞，恐怕會壞了那天的好心情。

但現在我希望你拋開枷鎖，接納社會上形形色色的個人意見。我們活在一個每個人都可以表達自我意志的年代，有些時候個人意見反而比無色媒體來得豐富多元，來得有思想。我們在官方單位和媒體身上，獲得的是不摻雜任何情緒的「資訊」。這些資訊很公正沒錯，但有時候我們並不內建解讀資訊的能力。如果單純看「立陶宛宣布設立臺灣辦事處」這條快訊，我猜大多數人不會在第一時間理解這是多大條的事。大家可能心裡想，臺灣不也在很多地方設立經貿辦事處嗎？立陶宛只是用「TAIWAN」命名，有什麼好大驚小怪的？事實上，光是用「TAIWAN」這個名字就能讓中國政府七竅生煙，他們甚至會因此打壓或制裁立陶宛政府。但一般媒體不會用誇張的文字強調（至少在國際新聞不會，其他版面就不一定了），閱聽者也就無法體會這個新聞有多麼重要。

所以有時候，我們需要借重他人的「解讀能力」，告訴我們新聞背後的隱藏祕密。這有兩個好處：第一，你需要「專家意見」。國際新聞發生的面向非常廣，總是會有很多讓我們越看越不懂的專有名詞。我們不在那個領域裡，不知道一丁點小改變原來隱含如此重大的顛覆。所以建議多方涉獵專家學者的日常貼文，我們才知道「啊，原來有這層涵義」。

舉個例子，「**Military Filmmaker - Wayne Hsu**」這個粉專的主理人是《聯合報》的軍事記者和攝影師，也有個 Podcast 節目叫「部隊鍋」。他平常會在粉專上分析國軍裝備、演習，也會跟大家介紹國外現在的飛機類型、武器開發等等。例如在二〇二一年塔利班攻占阿富汗後，他眼尖看到阿富汗機場的美國司令背的步槍是什麼型號，就能判斷出這名司令當下是否隨時準備要投入戰鬥。

還有一次也很有趣，二〇二一年六月，美國突然安排三位參議員拜訪臺灣。這並不是美國第一次派參議員來臺灣，但之前大多乘坐行政專機，這次少少幾個人，卻開了一架有夠大的美軍運輸機 C-17。哇，這就很引人遐想啦。首先，一架印有「U.S. AIR FORCE」的美國軍機落地臺灣，你要中國怎麼想？這難道不是一種軍事暗示，象徵著美軍站上臺灣這塊土地不費吹灰之力嗎？

除了秀軍事肌肉之外，當時正逢臺灣疫情大爆發，美國說要捐兩百萬劑疫苗給臺灣。所以大家就猜，這個運輸機肚裡簡直能撐船，除了載幾位參議員，是不是順道把疫苗也送來了？後來發現偌大的 C-17還眞的只載了議員和幕僚們，雖然有一說是因爲其中一位議員達克沃斯（Tammy Duckworth）需要使用輪椅，用 C-17加裝「行政座艙模組」比較方便打造無障礙空間。但一般行政專機也不是辦不到這件事，所以派 C-17來臺灣，政治意味還是有的。而當時 Wayne Hsu 就分別介紹

C-17，以及行政座艙模組的妙用。

平常如果不多加解釋，我們又怎麼會知道原來用哪架飛機載國會議員來竟有政治意涵。我們常說外交就是鉅細靡遺。兩個領袖辦高峰會，誰先到，誰打什麼顏色的領帶，誰提早離席，誰主動握手，這些細微的差異都是外交舞臺上的表演和道具。但是一直看新聞型粉專總是會膩，而且內容包山包海，鮮少看到如此細膩的分析。不如偶爾逛逛具有某種專業性的個人帳號，平常看趣味的，重要時刻也能獲得一些主流新聞不會說明的冷知識。

我有個大膽的想法

第二個需要借重他人解讀能力的原因是：**你需要一點想像力**。我們剛剛說第一階段是官方組織，它只能講它能講的。接著第二階段是正規媒體，他們可以講他們研究過的、深入調查的。但目前爲止，都只發生在經過證實的論點上。那關於未來呢？我們能不能先試著假設？

欸等等先別生氣，我不是說新聞要變成「製造業」，大家一起憑空捏造出假新聞。新聞當然是建立在事實基礎上的。我說的「假設」，**是給我們閱聽者自己的功課**。我們在吸收完各式各樣客觀資訊，也看了專家學者提出的解釋，我們是不是應該在心中有些見解了？這些資訊統統收進來，難道只是一種「知道」，卻不能成爲我們自己的聲音嗎？我們是會思考、會推論的獨立個體，不是一座新聞圖書館。只是把新聞分門別類分裝到大腦裡，難道就算是讀懂國際新聞了嗎？如果眞是如此，那我們跟AI有什麼兩樣呢？噢，可能還不如AI，畢竟AI現在已經進化到能夠計算未來的各種可能性，還打敗世界圍棋棋王呢（還不只一次）。

我們讀國際新聞，眞正的目的是培養思辨能力。一模一樣的事件不會發生第二次，當兩國起了貿易糾紛，過去我們用外交談判解決，卻不代表現在的狀況下也允許。即便如此，歷史總會用類似的方式回到我們眼前，伴隨著獨一無二的時空背景。所以閱讀國際局勢不能靠死背，必須靠每天持續累積的判斷力，因應當下環境產出一套新的認知和解決辦法。要記得，國際識讀不是背誦所有國家地理位置的單選題，而是需要運用思辨能力的問答題。

因此我們需要個人意見的參與。國際識讀思辨能力需要時間累積，如果我們才剛入門，肯定像隻菜雞，見山是山，沒見過的就是一片空白。舉例來說好了，我們今天看到美國總統要加重對中國的進口關稅，你可能看不出來這樣是好是壞，但你看到有個長期觀察中美貿易戰的專家在旁邊說「**噢這個決定不太聰明，因爲會傷到他們國內自己的耶誕消費檔期**」，那你是不是就知道，原來提升關稅會影響國內消費，你的思考是不是又多了一個面向？

我們有時候在看書，都會特別去找「注解版」，因爲可能作者寫的東西是需要一些解說的，也需要有人在旁邊碎念，這樣你才有辦法學習如何解析新聞。

再舉個例子。二〇二一年十一月，習近平在中國國際進口博覽會上說，自從中國加入WTO，已經將總關稅從一五．三％降到七．四％，低於WTO原本九．八％的規定。他爲什麼要說這個？**加拿大約克大學教授沈榮欽**就在自己的個人粉專上解謎。沈教授說，習近平這個動作其實是爲了CPTPP②。當時中國高調宣布提出CPTPP的入會申請，輿論都在說，中國哪有可能符合CPTPP的規定。人家CPTPP是日本主導的，要求的貿易開放性可是比中國和東協主導的RCEP還要嚴格一百倍。中國過去在國際市場上的風評太差了，想必過不了CPTPP的門檻。

這麼多人等著看笑話，所以習近平才要在自家舞臺上大聲說自己有按照國際規則走；不僅照規矩，還優於規矩呢。這個喊話是喊給質疑中國的反對者聽的，同時也是安撫CPTPP成員國，希望各國能讓中國早於臺灣入會。

如果沒有沈榮欽教授的「額外聯想」，我們看到習近平的這一段話恐怕一點感覺都沒有，只是把它當做又一個大內宣的自我吹捧。這就是個人意見的重要性。

沈教授每天閱讀大量國際新聞，專注於國際經貿關係研究和教學。長期累積下來，每項國際關係的枝微末節到他眼前，統統化做一個又一個解謎線索，不費他吹灰之力，便知道這塊拼圖應該要放在哪個方位。像這類型的專家學者，已經走過見山不是山，見水不是水的閱歷階段。如果他願意與我們共享知識，那我們不妨利用他人長久堆疊的智慧，站在巨人肩膀上，讓自己快速成長。

盡信書不如無書，人也是

這時你可能會擔心，個人帳號或粉專通常都帶有立場，萬一他的判斷是錯的呢？萬一這個專家本來就很反中，他的點評會不會很偏頗？

我跟你說，所有人都有立場，我也是。所以今天要你去找一個又可以幫你點評、又可以擴充你的思維面向，但又不帶有任何立場的人，沒有這種交集。因此，**你要做的不是找到沒有立場的意見領袖，而是學會不被單一言論影響自己的判斷。**當你看出這個意見領袖的立場時，你要銘記在心，告訴自己現在所看到的內容是建立在他的立場之上，不要被他牽著鼻子走。你要時不時告訴自己，你需要的是他的觀點，從他那邊看出「啊原來還有這個可能性」。而不是把他當成讓你抄作業的同學。到時候作業寫錯可不要怪別人。

當然我也非常歡迎你**刻意追蹤與你立場相反的意見領袖**。一來訓練你的包容性，二來讓自己大腦做點腦力激盪。適時透過別人的眼睛看同一則新聞，你會獲得更多啓發，也能因此跨出同溫層，與不同立場的人對話。

我有段時間會追蹤某些粉專，當時我覺得自己跟他們是同一陣營的，每段論述我都點頭如搗蒜，就算只是一則嬉鬧的反串，我都覺得幽默極了，絲毫不懷疑其造成的負面影響。但有一次，在某起大型國際事件的判讀上，我發現我和他們竟然意見如此不一致。他們的批判和解讀讓我感到困惑，心裡想著，難道是我的判斷力失準了嗎？過往我們在其他事情上共享理念，爲何這一次只有我一人背道而馳？我與他們之間，是不是生成了一道隔閡？還是我應該要自我反省？我所信仰的是否要全盤檢討，或是我徹頭徹尾就搞錯了事實？

經歷了一段渾沌，最終由時間給了我答案。但你說這個答案明確指出誰對誰錯嗎？是否能直接判定我贏得勝利，而對方才是不明就裡胡亂批判？似乎又不是。因爲事實是，若把時間維度拉長來看，每個時間點的答案都會有所不同。就像你研究一支股票，三個月內的價格是跌的，但說不定拉長到三年，會比現在翻好幾倍。所以即便現在我選對了，也不代表他們當初的批評毫無根據。宏觀來看，我們只是在某個微小的時間點產生了分歧；或許在下個路口，我們又將再次交會。

這給了我一個啓發。世界上沒有一個人會和你擁有一模一樣的價值觀。你們曾經在某個事件持相同意見，不代表所有面向都會如你所願。但這就是人類互相學習的奧妙之處。三人行必有我師，就算這個人大多時間都與你持相反意見，你也總能在他反對的過程之中看見自己論述不夠清楚的地方。我們都要避免過度迷戀《哈利波特》裡的意若思鏡，因爲鏡子只會反射出你想看見的東西，久而久之，你會失去思辨能力，活在自己塑造的美好虛幻世界裡。

所以擁抱分歧吧。在國際關係的思辨之旅上，沒有永遠的朋友與敵人，只有永遠的自己與別人。

第二招：延伸閱讀，大量吸收

我們在上一節學會如何讓社群媒體爲你所用。你學會使用破碎的時間，無論是倒杯水、上廁所、搭公車，還是等電腦重新開機。就算只有短暫三分鐘，你一樣可以在臉書或 Instagram 上不經意滑到最新的國際新聞。從現在起，國際新聞變成你社群媒體裡的一個朋友，只要有大事發生，很多人會主動把最新消息送到你面前。現在你的社群媒體已經可以滿足一項最簡單的任務：確保你不會與國際脫節。但這還只是第一關呢，想培養國際新聞解讀能力？你需要下一個步驟。

接下來，我們要學會「主動出擊」。時間不用長，每天撥出十五分鐘，就夠你認識國際。還記得我們在上一節介紹的那一堆文字媒體嗎？我是不是說，誰有那個美國時間，每天一一跑去他們的網站，把每篇文章看過一遍呢？Oh well，你不用這麼做，因爲有工具會幫助你。

RSS閱讀器

RSS的全名是「Really Simple Syndication」，中文翻譯是「簡易供稿機制」。別擔心，這東西沒那麼複雜。你就想像有個機器人，它會主動幫你把文章送到你眼前。而且它還很貼心喔，把網頁裡那些欄位啊、選單啊、廣告什麼的統統都擋掉，只剩下標題、內文和圖片，也就是一篇文章最單純的樣子。人如其名，Really Simple。

RSS閱讀器就是個幫你把所有網頁都簡化的機器人。想像你想要每天固定收到十個網站的文章，以前必須要輸入每個網站的網址，點進去後還不一定可以立刻找到這個網站放置文章的地方，有夠麻煩。現在你用了ＲＳＳ閱讀器，就等於在每個網站上安插一名臥底。只要網站一有新的文章，這個臥底就會立刻發現，並幫你回傳到你手機裡的ＲＳＳ閱讀器。

坊間有許多ＲＳＳ閱讀器，我今天就介紹我自己使用的這一款，如果你有聽過別的ＲＳＳ閱讀器，一樣都可以使用。

◆Feedly

Feedly可以讓你自己添加任何想追蹤的網頁，不管是新聞媒體、個人部落格、技術性網站，全都可以添加到你的Feedly帳號中。如果你平常沒在追蹤什麼網頁，也可以直接在Feedly推薦的來源中找尋你有興趣的。關於Feedly的操作，網路上都有很多說明，我這邊就不贅述了。我比較想介紹我自己的使用習慣。

首先，我會先將資料來源分成幾大類。我的分類有新聞、知識、品味、財經、電影、體育。就像我剛剛說的，ＲＳＳ閱讀器不是只能拿來讀新聞，任何你想追蹤的網頁都可以放進來。所以我會依自己的興趣分類，避免所有的資訊都混在一起。

當我想要看現在有哪些新科技、創業圈動態，我就會點開知識分類，快速瀏覽所有文章的標題和前兩句內文，有興趣的再點開來看。如果今天我喜歡的球隊交易了新的球員，我就點開「體育」，看看有沒有相關報導或分析。**分類可以幫助你快速篩選你現在想吸收的內容**，隨時轉換心情。

第二個可以善加利用的是 tag（**標籤**）。因爲 Feedly 是用時間和熱門度排序的，並不是依主題。所以你看過的文章只要不善加保存，它就會被淹沒在文章汪洋中，想找出同一主題的文章會非常困難。因此，你可以在看完之後爲文章加上 tag，日後要找尋相關文章就會非常方便（其實也有點像收納籃的概念）。

第三個我最常使用的功能就是「**Read Later**」。我剛剛不是說就連上廁所都可以看國際新聞嗎？我以前斜槓做「敏迪選讀」時，只能運用上班時瑣碎的時間偷看今天有哪些新聞。最常出現的畫面是我在廁所裡快速瀏覽 Feedly 幫我送回來的新聞標題。短短三分鐘，就足夠我把前四個小時各大外媒網的新聞標題統統瀏覽一遍。這時候我會先用經驗法則判斷哪些可以成爲我明天早上的選題，接著按下 Read Later 把文章存起來，就收起手機回到座位上工作。到了晚上，我只要打開 Feedly 的 Read Later 資料夾，假設我早上挑了四則新聞，四個都有成爲獨立選題的潛力，那我就會先把這四篇文章逐一看完，最終挑選一則新聞，進行更深入的研究。

所以你看，我並不是每篇新聞都會點進去讀完。有些時候光是看標題就知道這篇新聞大概在講什麼，也就不需要逐句閱讀了。這也可以搭配我們滑臉書時看到的輿情分析。例如你發現你臉書朋友一直在轉發中國網球選手彭帥消失的新聞，你可以先預設這會是個重要的頭條，在滑RSS閱讀器時就可以忽略其他小新聞，專心尋找與彭帥有關的報導即可。

眞的不需要統統看過嗎？請先不要這樣逼自己。你不是靠寫新聞維生，也沒有要考什麼國際關係研究所，不需要給自己這麼大的壓力。我介紹工具給你，是爲了降低你的資訊取得門檻，不是要你開加速器，生吞活剝所有訊息。比起一堆實用的軟體，保持一顆不抗拒的愉悅之心，才是吸收國際新聞的最佳良藥。

我們現在可以做個整理：

一、用社群媒體先找到熱門新聞。

二、用RSS閱讀器瀏覽標題，知道世界發生哪些事。

三、點進去感興趣的文章，了解詳情。

光是前面這三步，你就已經掌握全球脈動了（好像什麼基金廣告）。

善用翻譯軟體

第二個我要教你的工具很讚，可以緩解你的「語言焦慮症」。很多媽媽會傳訊息問我：敏迪你的英文一定很好對吧，你是怎麼學的？英文是不是要像你一樣好才能讀很多國際新聞？是的，英文跟我一樣就可以讀國際新聞了。但「跟我一樣」是到什麼程度？

答案就是，普普通通。

眞的不騙你，我沒有出國留學，也不是英文很流利的那種學霸，我就是個臺灣囝仔，不是ABC。我媽的確在我小時候幫我挑了一位很棒的英文老師，所以我小時候的確很敢講英文，但現在久沒用，已經很羞於開口了。我的英文厲害到可以看懂所有外媒新聞嗎？當然不。對我而言，讀完一篇全英文報導的時間，絕對夠我讀十篇中文報導，還可以去泡杯茶來喝。所以不要以爲我的英文肯定很好，那是人們對「國際觀」的頭號誤解。

臺灣的教育曾經廣推「國際觀」。但國際觀到底是什麼？在我讀高中的那個年代（大概是十五年前吧），國際觀幾乎等於外語能力。所有教育機構都在推雙語教程，好像只要學會英文，你的國際觀就順便提升了。現在我們當然知道不是這麼一回事。首先，你的英文能力好，不代表你能夠對國際事務侃侃而談，不然照這個邏輯，美國隨便一個路邊小男孩都比我們還有國際觀。反之亦然，想當個有國際觀的人，絕對不需要英文能力超群。我們前面提過了，更重要的是你的思辨能力。

這個道理到了二〇二三年更是不證自明。現在都已經是個擁有 **ChatGPT** 和 **Google 翻譯**的年代，要不然翻譯筆一枝也是三千臺幣有找。除非你靠口譯或英語演講維生，否則眞的不用這麼擔心自己的英文能力。所以我現在就要推薦你一個好東西。

我習慣使用 Chrome 瀏覽器閱讀國際新聞，Google 就針對 Chrome 推出「**Google 翻譯擴充套件**」，安裝超簡單，可能連你阿嬤都能秒安裝（眞的不要小看阿嬤）。只要安裝這個小工具，以後瀏覽外文網站，一秒幫你把英文統統轉換成繁體中文，文法還通順得很呢。方便就算了，它還支援各種語言，管你西班牙文、法文、德文、韓文還是日文，翻譯統統是一眼瞬間的事，會讓你對於還要不要繼續上英文課起了懷疑（欸但還是要認眞上課，畢竟口說還是得靠自己）。

如果你是使用 Firefox 瀏覽器，一樣可以安裝專屬 Firefox 的 Google 翻譯擴充套件。Safari 的用戶則要稍微繞點路。Google 沒有直接做 Safari 的擴充套件，所以你要找其他開發者開發的軟體。這邊推薦「**One Click Translate for Safari**」，他要三十三元臺幣，但翻譯品質也是相當優秀。總之各種瀏覽器應該都可以幫助你打敗語言心魔，讓你把腦袋留給眞正「國際識讀」的思辨，而不是糾結半天這個字到底念 IKEA 還是 IKEA。

不過還是有一些地方需要用到外語能力的，這屬於比較進階的技巧。最常見的使用情境有三種：

◆一、確認原文

當你看到一項令人震驚的消息時，我建議你先確認說話者的原文。例如美國現任總統拜登在二〇二一年十月底參加一個 CNN 的公民大會堂節目，隔天各大報紙都以「拜登承諾保護臺灣」爲標題大肆報導。發生什麼事？過往可沒有任何一個美國總統敢說這種話。我們回到事發現場，看看原文是什麼。當時有位美國男大生問他：

「中國剛剛測試了一枚極音速[3]導彈。你會怎麼做，才能在軍事上跟上他們？你能發誓保護臺灣嗎？」（China just tested a hypersonic missile. What will you do to keep up with them militarily? And can you vow to protect Taiwan?）

主持人庫柏幫這位男大生再問一次拜登：

「你的意思是說，當中國攻擊臺灣時，美國會保衛臺灣嗎？」（So, are you saying that the United States would come to Taiwan's defense if China attacked?）

「是啊，我們對此是有承諾的。」（Yes, we have a commitment to do that.）拜登秒回。

啊，原來是「commitment」。但這「commitment」是什麼呢？不知道，拜登沒說。所以雖然有些媒體下了很強烈的標題，但實際看原文，你會更曉得這中間有很多模糊空間，就不會過度樂觀看待美國對臺灣的保護了。

◆二、跟上最新的直播消息

二〇二〇年春節，全球爆發新型冠狀肺炎疫情。當時世界衛生組織WHO常常開記者會，回答各國記者五花八門的問題。我印象非常深刻，有一天WHO祕書長譚德塞在全球媒體面前，斥責臺灣網民對他進行網路攻擊。當下我非常詫異，用著很蹩腳的英聽能力努力吸收他丟出來的句子，可惜打字太慢，沒辦法在直播平臺上爲臺灣人發聲。所以如果你想要跟進最新的直播，或是在第一時間看懂外國媒體發的快訊，外語能力還是得好好練習才行。

◆三、找尋資訊佐證

假設我們看到一則新聞寫「荷蘭民眾不滿政府供應歐盟過多資金，上街抗議」。你大可以搜尋我們剛剛提到所有媒體的報導，把表面上的抗議活動寫成一篇新聞。但更負責任的國際新聞工作者，是會跑去歐盟官方網站，搜尋歷年歐盟成員國的資金貢獻占比；或是去翻閱歐盟每年公布的財政報告，以及到國際貨幣基金組織（IMF）網站上看看各國的GDP，最後再放在一起比較。像這類原始資料的查找，就眞的非常仰賴英文閱讀能力，甚至是你的Google能力。只是如果你眞的要做到這樣，那你已經不是初階的國際新聞工作者了。

喜歡就記得畫重點

最後一項數位工具可用可不用，就看你有沒有需要。我是個國際新聞從業人員，每天要看數十篇報導，分頁常常多到頁籤只剩下一個小 icon，完全看不出哪篇是哪篇了。而且我的習慣是一口氣把同一主題的新聞統統看過一遍，先把所有資訊都收進腦袋，再開始解構跟書寫。這時候，我非常有可能忘記曾經看過的那句話是出現在哪篇文章中，重新翻閱那二十多篇文章更是曠日費時。俗話說的好，懶惰是進步的原動力，我這個「不做筆記」的壞習慣，最終敦促我找到合適的「畫重點」工具，解決我大海撈針的困擾。

這邊推薦一個 Chrome 的擴充套件「Liner」，顧名思義就是讓你可以在網頁裡畫重點。它不僅可以幫你 Highlight 文章中的字句，也會幫你把畫重點的句子統統收在它的儀表板裡。如果你像我一樣每天都要看很多篇文章，不妨使用這類型筆記軟體，幫助你快速收納重點字句，才不會「書到用時方恨亂」。

①五眼聯盟（FEVY）是由五個英語圈國家所組成的情報共享機構，成員國包括澳洲、加拿大、紐西蘭、英國和美國。

②CPTPP，《跨太平洋夥伴全面進步協定》（Comprehensive and Progressive Agreement for Trans-Pacific Partnership）的縮寫，是一組多邊關係的自由貿易協定。目前的正式成員國包括墨西哥、日本、新加坡、紐西蘭、加拿大、澳洲、越南、秘魯、馬來西亞、智利和汶萊。

③一般指速度超過音速五倍以上。

後記

你想要什麼樣的國家？

這本書寫了整整三年。打這行字的當下，我剛從美國回到臺灣。

我在二〇二三年七月受到美國國務院邀請，到美國進行爲期十一天的外媒參訪之旅。這個參訪團儼然是個小型國際峰會，同團有來自印太地區、歐洲、非洲、南美洲的記者，總共十七個國家。我每天浸淫在十七國不同口音的英語當中，一下在舊金山聆聽智庫解說中美科技戰，一下又到夏威夷印太司令部向美國陸軍參謀長提問。我們參與至少二十場論壇和演講，討論議題從印太安全到南海爭議。

我人生完全沒有遇過這樣的場合，每天睜開眼就是跟這群記者們聊國際時事。他們每個人都有非常嚴重的職業病（這是稱讚），總是把握時間問其他人問題。因爲我是唯一一個臺灣代表，而臺海安全又是這次參訪的核心議題，理所當然，所有人從第一天開始就狂問我問題。而我出發前就意料會有這樣的情況發生，早已把所有答案準備好，並把握機會回問他們如何看待中美對抗及臺海局勢。

謝天謝地，這群記者是我見過最棒的「新朋友」。我們在短短十二天內培養出深刻的友誼，大家都是用尊重且理性的態度回應彼此的見解，就算偶有歧見，也是以包容和幽默收尾。對著這群人，我什麼都能問，他們也統統願意回答。

印象很深刻，有一晚，馬來西亞記者問我，知不知道爲什麼臺灣要選一位influencer（國外對於「網紅」的稱呼）參加這個訪問團。我說，在臺灣，新媒體和傳統媒體的影響力越來越接近。人們不僅收看傳統媒體，也開始會選擇一些新媒體做爲新聞或知識來源。不僅如此，新媒體的網紅們也不排斥接觸政治。

「我們甚至有YouTuber當選議員呢！」我打開呱吉的影片給他看。

馬來西亞記者驚呆了。在他們國內，娛樂從業人員幾乎不碰政治。馬來西亞有所謂的3R：宗教（religion）、王室（royalty）及種族（race）。這三個領域你不能隨便開玩笑，也不能拿來做爲娛樂話題。如此嚴謹的氛圍，想當然娛樂從業人員不會想蹚政治這個渾水。所以當他們聽到臺灣竟然有YouTuber從政，也有重金屬樂團主唱當立委，紛紛表示不可置信。這時我看到各國記者們驚訝的表情，忽然想到臺灣政壇還有另一個特色可以舉例。

「而且這幾年我們有越來越多年輕人從政喔！有人二十五歲年紀輕輕就當選議員，而且還是沒有家世背景的。這種情況也有越來越多的趨勢。」

這次換印度記者瞠目結舌。印度記者說，在他們國內，政客都是一群老人在當的；就算不是老人，也一定是政二代。一介平民是不可能有機會踏入政壇的。

這時我突然想到一個很重要的問題要問這位印度記者。

「嘿 Pia，我之前跟中國人介紹民主是個好東西，中國人都會以『人口太多』爲由反駁我。他們總說，因爲中國人太多了，凡事都要投票太沒效率，所以民主不適合中國。但現在印度人口已經超越中國了，而你們是民主國家呀！你怎麼看待中國這個說法？」我問 Pia。

「老實說，我同意這個說法。印度的民主就很沒效率，主要問題是腐敗和不透明。你看莫迪做了這麼久，都沒有像樣的反對派可以抗衡他，這對民主來說並不健康。」Pia 答。

收到 Pia 這樣的答覆讓我滿吃驚的。畢竟我們這十二天才享受著美國提供給我們的採訪機會，甚至還能進到戒備森嚴的印太司令部，對著參謀長問任何我們想問的話。這些只有在民主國家才有辦法享受到的新聞自由，讓我以爲身爲記者都會喜歡民主。**難道眞的有國家不適合民主？**

我再問 Pia：「所以如果給你選，你還希望印度是民主國家嗎？」

Pia 似乎被問了一個很艱深的問題，她低頭想了想，最後這樣回答我：

「我希望啊！但我想要的是臺灣的民主。」

日本旅遊書《左京都男子休日》提到：「你的生活是我遠道而來的風景。」這句話本來是拿來形容旅遊的，但用在國際政治又恰如其分。我們活在亞洲最民主的國家之中，但我們常常忘記欣賞自己的好。我們很常抱怨現況。這很合理，因爲人性本就會追求進步，不滿於現況才能迫使我們成長。

但尷尬的是，這樣的動力似乎只限於個人生活，因爲你覺得這是你自己的事，只有你能爲自己負責。但當情節上升至國家治理時，你的選擇就截然不同了。我們通常不會認爲「我一個人有能力推動國家前進」，至少大部分的人不會。所以我們兩手一攤，把難題交給眼前的政治人物，卻又總是認爲他們做得不夠好。**我們總是期待一個站出來然後衝出去死的英雄，卻忘記了明明自己也可以動動雙手，把國家改造成自己想要的模樣。**

回想二〇一八年我開始做「敏迪選讀」的初衷。我不喜歡臺灣被稱做「鬼島」。這個國家的確有許多不好的地方，夏天超悶熱、汽機車不喜歡禮讓行人、都市圈房價很高、政治口水戰每天都在吵。沒錯，有很多事值得抱怨，但說句「臺灣就鬼島」並不會使這個國家更好。當我們抛出「鬼島」兩字，背後隱含的是我們已經放棄改變，雙手一攤放任這國家變得更爛。

我也不喜歡大家一味吹捧其他國家的好，忽略每個國家都有自己難念的經。

我們總是羨慕日本街道很乾淨，羨慕歐洲人有很多福利，羨慕中國市場很大錢很好賺，羨慕美國運動產業健全運動員都可以有很好的薪水。但我們沒看見的是日本壓抑的工作文化、歐洲因難民收容問題引發的極右派崛起、中國日漸消失的數位自由、美國愈發嚴重的兩極化危機。一體總有多面，但偏偏我們的民族性是放大自己的缺點，忘了我們也有令人羨慕的美。

回到本書最一開始，我說，讀國際新聞可以讓生活決策更有依據，可以幫你省錢或聰明投資。但我現在跟你老實說吧，那只是吸引你進入這個世界的第一步而已。現在你幾乎快讀完整本書了，我要來向你揭曉我的盤算（嘿嘿）。

讀國際新聞，是為了客觀看待每個國家的好與壞。當你拿下漂亮濾鏡仔細端詳各國的孰優孰劣，你才能公正判斷臺灣的外交和內政現在處於哪個階段、還有哪裡待改。好與壞永遠是比較來的。當我們提到交通安全，我們知道加拿大很值得我們效法，臺灣還有不小的進步空間；但是當我們提到公共衛生，臺灣就可以抬頭挺胸地跟別人說這我們在行。重點不是在那邊比拚你全球最快樂、我全球最宜居，而是藉由別國的經驗看見自己的不足，或認知到其實我們已經很幸福。

除了比較，我們也能做「類推」。看看美國近幾年的政治兩極化，我們曉得越是偏激的社會，越容易遭到資訊操弄，被仇恨撕裂。這時我們便能引以為戒，看見別人走過的坑，只要我們提前踩煞車就能避免。

所以我們眞的能夠打造自己想要的國家嗎？當然可以，而且不用整個人投入政壇跟人家拚死拚活。打造自己理想的國家很簡單，把握一個原則：**你如何爲自己的人生打算，就用同等方式對待你的國家**。

◆積極

如果你平時會想著「我的家現在不夠美、不夠大」，進而努力賺更多錢改善現況。那講到「國家」時，是不是也能同樣積極呢？

◆關心

你平常會關注家裡的公共梯間囤放太多物品，萬一發生緊急危難會影響逃生，這時候你會想辦法跟鄰居協調。那當我們提到國家的交通安全或道路法規時，你會不會也挺身爲自己爭取更安全的用路空間？

◆充分認識

你在投資理財時知道要做功課，好好善用你的每一分錢。那在討論公共事務時，你有沒有針對每項議題深思熟慮，蒐集夠多資訊再下決定呢？

◆耐心溝通

平時我們曉得與人共事處處要妥協：你和爸媽爭取更多的打電動時間，但爸媽要求你成績不能掉；鄰居想要設置社區垃圾處理場，但又不想增加管理費；你想跟老闆爭取加薪，但老闆要你負擔更多責任。每一件事都要充分溝通和讓步，才能找到對彼此最好的解決辦法。自己的人生尚且如此，那關乎到數百、數千萬人的國家決策，又何嘗不需要同等待之呢？

所以我們能不能把國家打造自己理想的模樣？當然可以。前提是我們要像對待自己的人生那樣慎重對待自己的國家。那些你不希望對自己人生做的事，例如埋怨、放棄、擺爛，就不要對你的國家做同樣的事。我們都要避免在面對國家治理時，陷入兩手一攤的悲觀情境。這是我們每個人的課題，不是政治人物的，也不是社運人士的。我們希望臺灣變得更好，好到讓外國人說出「我想要住在像臺灣這樣的國家」，那就從改變自己開始。

我們一起努力吧！

附錄

你應該認識的網路媒體

一、臺灣本土網路媒體

電視上的資訊已經不少了，網路上的資源更是不勝枚舉。我們活在一個滑手機頻率勝過看電視的年代，如果仍堅持從電視臺獲取新聞資訊，那就太守舊了。既然如此，就不能因爲電視臺不播，就說「全臺灣都沒有國際新聞」，這對認眞做國際新聞的媒體並不公平。

攤開網路世界，臺灣本土的文字型網路媒體就百花齊放。以下是幾個我最喜歡也最常引用的網路媒體：

◆中央通訊社

中央社是臺灣的國家通訊社。創立於一九二四年，是臺灣歷史最悠久、規模最大的新聞通訊社，一九九六年改制爲財團法人。中央社的國際欄目是我每天必滑的網頁，也是我在搜尋每項國際新聞時必讀的來源。他們最大的優勢是擁有大量的駐外記者，海外據點超過三十個，遍布五大洲，所以往往能在第一時間取得最新消息。在國際新聞報導上鮮少偏頗，也不會有太多主觀的評論。除此之外，他們也很善於製作互動式圖表，尤其在新冠疫情期間，中央社製作的各項圖表都能讓人一目了然。另外他們的 Instagram 和臉書粉專也都經營得很好，成功把國際新聞帶到我們生活中。

◆轉角國際 udn Global

轉角國際是《聯合報》集團旗下的獨立媒體，和《聯合報》互不隸屬，所以內容也很不一樣。轉角國際是我最喜歡的國內媒體。每一次只要特別想關注某些議題，總會第一時間去轉角國際查，如果轉角國際有寫，那就安心一半了。無論是「深度專欄」還是「過去24小時」，轉角國際的資訊量和文章豐富性都高到爆表。往往只要讀他們一篇文章，就能立刻看懂單一新聞事件背後的所有歷史脈絡。

◆風國際

「風國際」是風傳媒的國際新聞頻道。風傳媒在臺灣算是滿大的網路新聞媒體，是從二〇一四年報導太陽花學運開始的，沒想到一眨眼就成了個規模不小的集團。他們有個國際專區，有好幾位作者都非常非常優秀，我已經贊助好幾杯咖啡了（風傳媒有個「請作者喝咖啡」的小額贊助方案）。偷偷透露我最喜歡的作者，包含蔡娪嫣、李忠謙、簡恒宇、閻紀宇、廖綉玉。並不是說其他作者不好，只是這幾位寫的題目都是我很關注的，所以特別推薦給大家。

◆報導者

報導者是非常優秀的臺灣網路媒體，也是臺灣第一個由公益基金會成立的網路媒體。原本報導者以深度調查爲主，國內外議題都做。二〇二一年後，報導者延攬多位我相當敬佩的國際新聞編輯和記者，包含前轉角國際主編張鎮宏、優秀記者李易安，有這些優秀人才的加入，讓人更放心報導者的新聞品質，推薦大家閱讀。

◆關鍵評論網——國際

關鍵評論網也是臺灣土生土長的中英文雙語網路媒體，內容多元，有國內外新聞、書摘、健康、懶人包等等，很常在我需要特別研究某個歷史事件時貼心地冒出來（？）。當我在寫某條時事新聞，想更深入研究背後歷史脈絡時，關鍵評論網的文章就會成爲非常好的參考資料。

◆DQ地球圖輯隊

臺灣少見用圖片說國際新聞的獨立媒體。他們堅持購買正版圖庫，把國外的第一手畫面帶回臺灣。地球圖輯隊並不追求最新時事，反倒是有許多特別的主題，例如印尼的塑膠博物館、英國少年給女王的請願書等等。是眾多政治角力新聞之外，更添人文氣息的好選擇。

上述都是每天至少產出一到三篇優質報導的網路媒體，也是我的養分來源。這些媒體各有特色，寫作風格也都大相逕庭，但共通點都是謹愼把關新聞來源，用字不浮誇偏頗（不像我）。

二、外媒中文網

剛剛只是臺灣本土媒體，是不是就已經覺得眼花撩亂了？還沒完，我們還沒把外國媒體的中文網放進來呢。都說是網路世界了，當然不能被「國界疆域」給局限住。你的國際新聞來源不會只有註冊在臺灣的媒體，任何繁體中文網站都會成爲幫助你認識世界的好朋友。我們一樣點兵點將，看看有哪些外媒特別照顧我們繁體中文的觀眾們。

◆BBC News

英國廣播公司（BBC）是全世界第一家由國家成立的廣播機構，資金來自英國國民的納稅金，BBC News 則是旗下專門做新聞的部門。有中文網，雖然用詞大多來自中國翻譯，但內容並沒有特別偏頗哪一立場。BBC在全球各地都有特派記者，再加上累積幾十年的新聞內容，當一起新聞事件發生時，BBC總能提供最即時、最全面的報導，是所有外電中我最常參考的一個媒體來源。我最常讀的是BBC News 和 BBC 中文網，另外推薦 BBC 製作的 Global News Podcast，短小方便，我每天聽。

◆德國之聲 Deutsche Welle

由德國政府提撥預算資助的公共國際新聞機構，大概就是德國版的ＢＢＣ啦。德國之聲有網路跟電視等多種平臺，在六十多個國家雇有當地正式員工，並提供超過三十種語言的報導。二〇一八年德國之聲進駐臺灣之後，成爲臺灣繼彭博社第二大外媒。德國之聲不是只報導德國或歐洲的消息而已，基本上全球新聞都涵蓋到了。他們的任務是傳遞資訊到沒有新聞自由的地方，所以中文受眾主要是中國民眾，但他們在中國仍是被屏蔽的狀態。德國之聲中文網簡繁體中文都有，裡頭有關於全球、中國、香港和臺灣的新聞，是一個從歐洲角度看回臺灣的好選擇。我的國際新聞好朋友鄒宗翰就是德國之聲在臺灣的記者。特別推薦德國之聲的臉書粉專，新聞量豐富，是你耍廢滑臉書時的好夥伴。

◆日本經濟新聞 NIKKEI

日本有五大報，分別是《讀賣新聞》《朝日新聞》《每日新聞》《日本經濟新聞》和《中日新聞》。但是自從《朝日新聞》中文網關閉後，只剩下《日本經濟新聞》有中文網。就如同它的名字，《日本經濟新聞》內容以經濟爲主，政治色彩較淡。也因爲著重於經濟，有時發生一些跟日本無關的國外大事，也會有「將會如何影響日本經濟」的分析。常常會在日經看到臺灣半導體產業的動態，就知道臺灣半導體對日本經濟的影響有多大。建議使用方式爲日本有重大消息時的進階資料來源，或是特別關注經濟指標的股海水手們。

◆美國之音 Voice of America

由美國納稅人出資、美國國會撥款成立的廣播電臺和電視臺，是全球最大對外廣播機構之一，總共翻譯成四十四種語言，向外傳播以美國政府立場爲主的新聞和社論，其中包含美國之音中文網。當然啦，以美國政府立場爲主，就代表是非常偏美國的媒體，所以在閱讀美國之音的新聞時，常常會看到對中國、俄羅斯、伊朗等國的批評，這部分就要自己留意。我的使用方法呢，就是當看到美國相關的新聞時，一定會找美國之音來看，因爲那一定程度代表現在政府看待其他國家的態度。例如當拜登上任後，美國之音對中國或俄羅斯的批評有沒有比較少，還是更嚴厲了，這都可以觀察。

◆半島電視臺

半島電視臺是由卡達王室出資、以卡達首都杜哈為基地的國際電視媒體，是透過英語、阿拉伯語、土耳其語等多種語言向全球提供伊斯蘭視角的國際新聞。從九一一事件後開始引發全球關注，被譽為「中東的BBC」。像我這樣做國際新聞自媒體的，不可能全世界趴趴造，只能仰賴外國媒體的第一手消息。但現在國際媒體大多出自歐美，難免落入「西方觀點」。半島電視臺就是一個平衡視角的好選擇。當出現阿拉伯國家或中東國家的新聞，我就會特別翻閱半島電視臺的報導，時常能得到更深入的資訊，或是截然不同的見解。半島電視臺也有中文網，但我總覺得翻譯不通順，臺灣讀者讀起來可能會稍嫌吃力，要習慣一陣子。

如果想要吸收更多第一手消息，以下幾個外國媒體是最常被引用的（英文為主）：

- Reuters（路透社）
- ABC（澳洲廣播公司）
- The Telegraph（英國每日電訊報）

・The Guardian（英國衛報）
・Janpantimes（日本時報）
・Strait Times（海峽時報）
・France 24（法國24）
・Le Monde（法國世界報）
・CNN（美國有線電視新聞網）
・TIME（時代雜誌）
・Bild（德國圖片報）
・Associated Press（美聯社）
・Korea Herald（韓國先驅報）
・The New York Times（紐約時報）
・The Washington Post（華盛頓郵報）
・The Wall Street Journal（華爾街日報）
・The Economist（經濟學人）

本書所使用的新聞資料，可掃描 QR code
或至「圓神書活網」（www.booklife.com.tw）
搜尋本書書籍頁取得。

國家圖書館出版品預行編目資料

不當世界的局外人：當世界充滿變數，你需要不被帶風向的國際識讀力／敏迪 著 -- 初版 -- 臺北市：究竟，2023.12
240 面；14.8×20.8公分 --（第一本：120）

ISBN 978-986-137-427-7（平裝）
1. CST：資訊傳播　2. CST：判別分析　3. CST：國際關係
541.83　112017986

Eurasian Publishing Group 圓神出版事業機構 用心與你對話．視野無限寬廣　究竟出版社 Athena Press

www.booklife.com.tw　reader@mail.eurasian.com.tw

第一本 120

不當世界的局外人：

當世界充滿變數，你需要不被帶風向的國際識讀力

作　　者／敏迪
發 行 人／簡志忠
出 版 者／究竟出版社股份有限公司
地　　址／臺北市南京東路四段50號6樓之1
電　　話／（02）2579-6600・2579-8800・2570-3939
傳　　真／（02）2579-0338・2577-3220・2570-3636
副 社 長／陳秋月
副總編輯／賴良珠
專案企畫／賴真真
責任編輯／林雅萩
校　　對／敏迪・林雅萩・張雅慧・陶玠安・王穎芝・鄭志鵬・蔡季娟・陳映妤・吳佳璘
美術編輯／林韋伶
行銷企畫／陳禹伶・鄭曉薇
印務統籌／劉鳳剛・高榮祥
監　　印／高榮祥
排　　版／莊寶鈴
經 銷 商／叩應股份有限公司
郵撥帳號／ 18707239
法律顧問／圓神出版事業機構法律顧問　蕭雄淋律師
印　　刷／祥峰印刷廠
2023年12月　初版
2024年7月　7刷

定價 350 元　ISBN 978-986-137-427-7